AF288178

Impressum
Verlag: BABADADA GmbH, Nedderfeld 112 , 22529 Hamburg
Geschäftsführer / Verlagsleitung: Harald Hof
Druck: Books on Demand GmbH, In de Tarpen 42, 22848 Norderstedt

Imprint
Publisher: BABADADA GmbH, Nedderfeld 112 , 22529 Hamburg, Germany
Managing Director / Publishing direction: Harald Hof
Print: Books on Demand GmbH, In de Tarpen 42, 22848 Norderstedt

ishuri
colegio

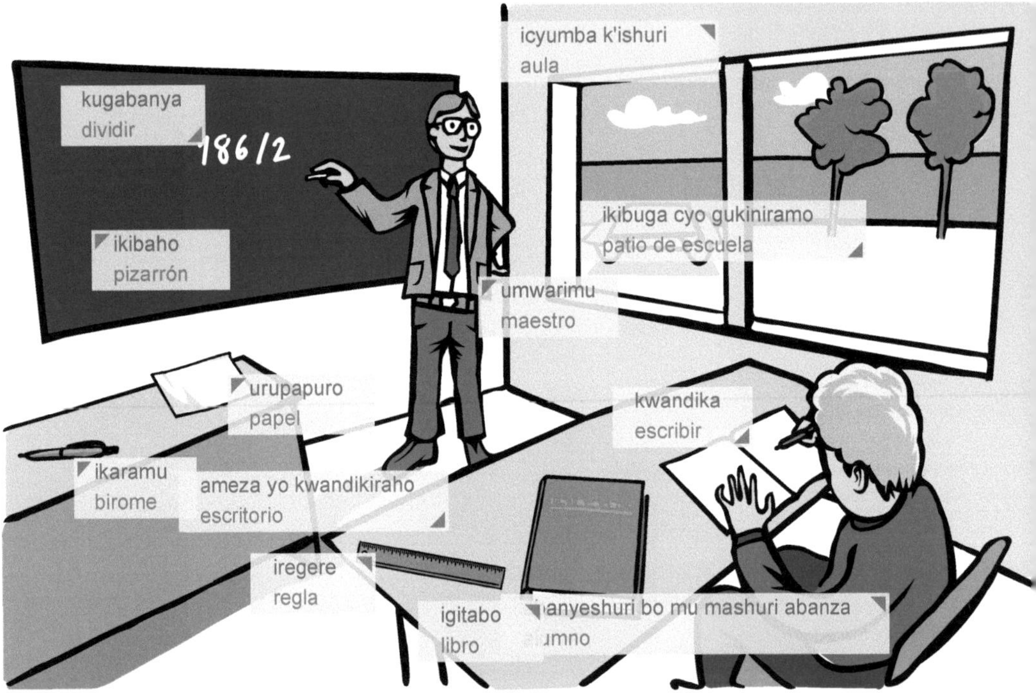

icyumba k'ishuri
aula
kugabanya
dividir
186/2
ikibaho
pizarrón
ikibuga cyo gukiniramo
patio de escuela
umwarimu
maestro
urupapuro
papel
kwandika
escribir
ikaramu
birome
ameza yo kwandikiraho
escritorio
iregere
regla
igitabo
libro
anyeshuri bo mu mashuri abanza
umno

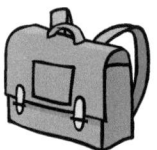

agahago k'ishuri

mochila

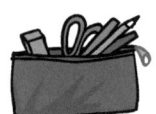

agasanduku k'amakaramu y'igiti

caja de lápices

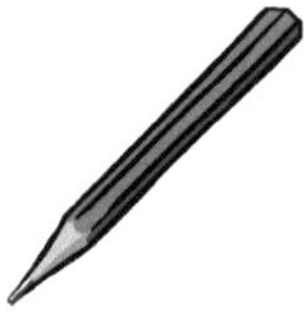

ikaramu y'igiti

lápiz

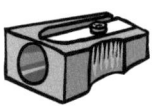

tayekereyo

sacapuntas

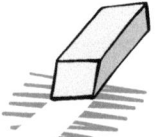

igome

goma (de borrar)

ikayi yo gushushanya

bloc de dibujo

igishushanyo

dibujo

uburoso bwo gusigisha

pincel

agasanduku k'amarangi y'amabara

caja de pinturas

umukasi

tijera

kore

pegamento

ikayi y'imyitozo

cuaderno de ejercicios

umukoro w'imuhira

tarea

umubare

número

guteranya

sumar

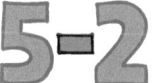

gukuramo

restar

gukuba

multiplicar

kubara

calcular

ibaruwa

letra

ABCDEFG HIJKLMN OPQRSTU VWXYZ

inyuguti uko zikurikirana

abecedario

hello

ijambo

palabra

umwandiko

texto

gusoma

leer

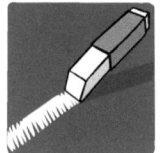

ingwa

tiza

isomo

lección

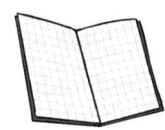

igitabo cyo
kwiyandikishamo

cuaderno de clase

ikizami

examen

impamyabumenyi

certificado

umwambaro w'ishuri

uniforme escolar

uburezi

educación

inkoranyamagambo

enciclopedia

kaminuza

universidad

mikorosikope

microscopio

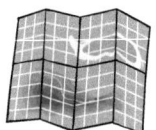

ikarita

mapa

pubere

tacho (de basura)

hoteli
hotel

inzu y'amacumbi
hostel

ku muvunjayi
casa de cambio

ivarisi
valija

imodoka
auto

ururimi

idioma

yego / oya

sí / no

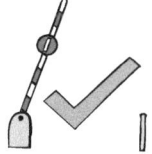

Yego

Está bien

bite

hola

umusemuzi

traductor

Murakoze

Gracias

ni angahe…?

¿cuánto cuesta…?

Sinsobanukiwe

No entiendo

ikibazo

problema

wiriwe!

¡Buenas tardes!

Waramutse

¡Buenos días!

Ijoro ryiza

¡Buenas noches!

bayi

adiós

ikerekezo

dirección

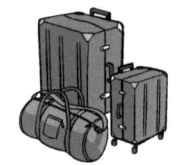

imizigo

equipaje

igikapo

bolso

igikapo baheka

mochila

umushyitsi

invitado

icyumba

habitación

agafuko baryamamo

bolsa de dormir

ihema

carpa

amakuru y'ahasurwa na ba
mukerarugendo

información turística

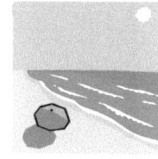

ku musenyi wo ku mazi

playa

ikarita ya banki

tarjeta de crédito

ifunguro ryo gusamura

desayuno

ifunguro rya ku manywa

almuerzo

ifunguro rya nimugoroba

cena

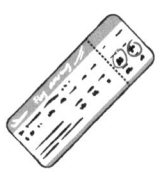

itike

pasaje

asanseri

ascensor

itembure

sello

umupaka

frontera

gasutamo

aduana

ambasade

embajada

viza

visa

pasiporo

pasaporte

gutwara abantu n'ibintu

transporte

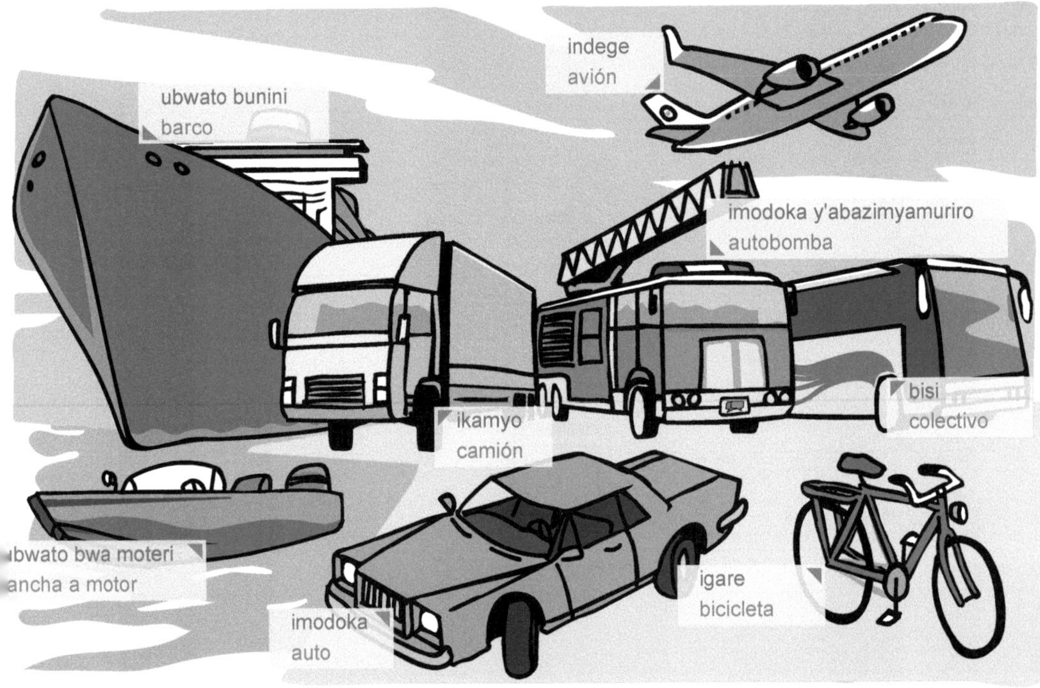

indege
avión
ubwato bunini
barco
imodoka y'abazimyamuriro
autobomba
ikamyo
camión
bisi
colectivo
bwato bwa moteri
ancha a motor
igare
bicicleta
imodoka
auto

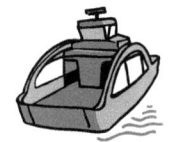

ubwato bwambutsa imizigo n'abantu

ferry

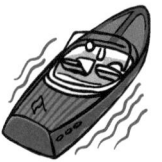

ubwato

bote

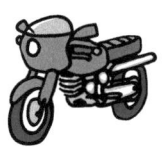

ipikipiki

moto

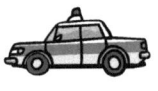

imodoka ya polisi

patrullero

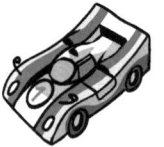

imodoka ya kuruse

auto de carreras

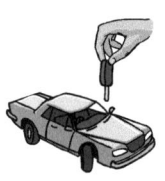

imodoka ikodeshwa

auto de alquiler

gusangira imodoka

alquiler de autos

imodoka iterura izindi

grúa

imodoka iyora imyanda

camión de basura

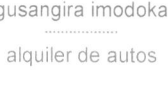

moteri

motor

lisansi

nafta

sitasiyo ya lisansi

estación de servicio

icyapa kiyobora imodoka

señal de tránsito

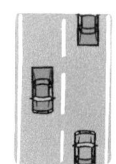

urujya n'uruza rw'imodoka

tránsito

ambuteyaje

embotellamiento

parikingi y'imodoka

estacionamiento

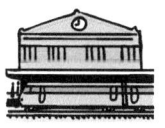

gare ya gariyamoshi

estación de tren

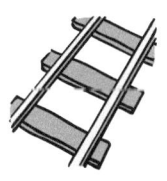

inzira ya gariyamoshi

vías

gariyamoshi

tren

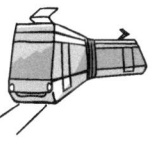

bisi ikoresha
amashanyarazi

tranvía

agatete k'imizigo gakururwa
n'imodoka

vagón

kajugujugu

helicóptero

ikibuga k'indege

aeropuerto

umunara

torre

umugenzi

pasajero

konteneri

contenedor

ikarito

caja de cartón

akagorofani ko mu iduka

carretilla

agaseke

canasta

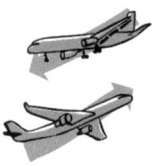

kuguruka / kururuka

despegar / aterrizar

umugi

ciudad

umudugudu

pueblo

mu mujyi rwagati

centro de ciudad

inzu

casa

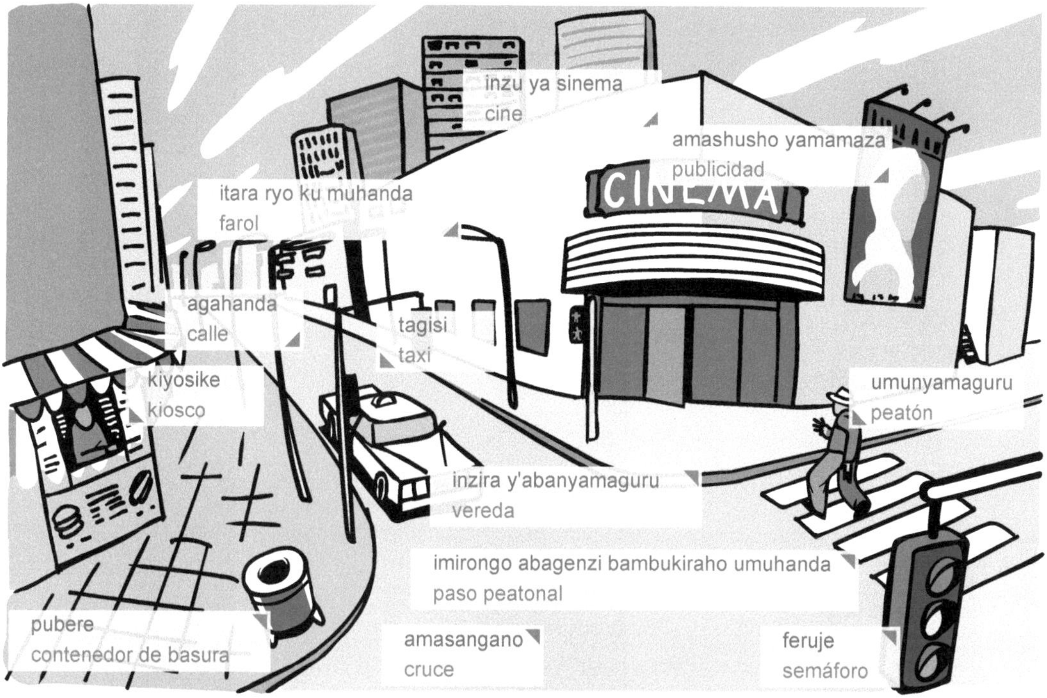

inzu ya sinema
cine

amashusho yamamaza
publicidad

itara ryo ku muhanda
farol

CINEMA

agahanda
calle

tagisi
taxi

kiyosike
kiosco

umunyamaguru
peatón

inzira y'abanyamaguru
vereda

imirongo abagenzi bambukiraho umuhanda
paso peatonal

pubere
contenedor de basura

amasangano
cruce

feruje
semáforo

akaruri

cabaña

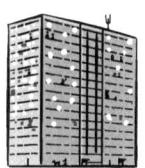

inzu ifatanye n'izindi

departamento

gare ya gariyamoshi

estación de tren

ibiro bya meya

municipalidad

inzu ndangamurage

museo

ishuri

colegio

kaminuza

universidad

banki

banco

ibitaro

hospital

hoteli

hotel

farumasi

farmacia

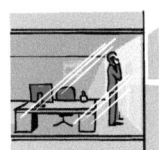

ibiro

oficina

inzu bagurishirizamo ibitabo

librería

iduka

negocio

umucuruzi w'indabo

florería

amangazini manini

supermercado

isoko

mercado

idepo

grandes tiendas

umucuruzi w'amafi

pescadería

iduka rinini

centro comercial

icyambu

puerto

parike
parque

intebe y'urubaho
banco

iteme
puente

amadarajya
escaleras

inzira yo munsi y'ubutaka
subte

umuhanda wo munsi
y'ubutaka
túnel

icyapa cya bisi
parada del colectivo

bare
bar

resitora
restaurante

agasanduku k'amabaruwa
buzón

icyapa cyo ku muhanda
letrero

mubazi ya parikingi
parquimetro

zoo
zoológico

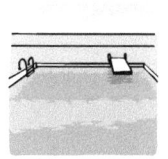

pisine
pileta

umusigiti
mezquita

ifamu

granja

kwangiza umwuka

contaminación

irimbi

cementerio

ikiriziya

iglesia

ikibuga k'imikino

juegos infantiles

urusengero

templo

umurambi

paisaje

ikibabi
hoja

icyapa kiyobora
poste indicador

inzira
camino

umukenke
pradera

ibuye
piedra

umuntu utembera mu misozi
excursionista

igiti
árbol

umugezi
río

ibyatsi
hierba

indabo
flor

ikibaya

valle

agasozi

montaña

ikiyaga

lago

ishyamba

bosque

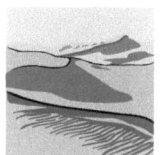

ubutayu

desierto

ikirunga

volcán

ingoro

castillo

umukororombya

arco iris

icyobo

champiñón

ikigazi

palmera

umubu

mosquito

isazi

mosca

intozi

hormiga

uruyuki

abeja

igitagangurirwa

araña

ikivumvuri

escarabajo

igikeri

rana

inkima

ardilla

imbuni

erizo

urukwavu

liebre

igihunyira

lechuza

inyoni

pájaro

igishuhe

cisne

isatura

jabalí

ingeragere

ciervo

impongo

alce

urugomero

presa

igipanga kikaraga kikazana
umuyaga

aerogenerador

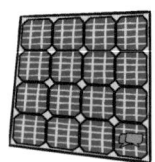

urubaho rukurura imirasire

panel solar

ikirere

clima

resitora
restaurante

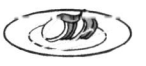

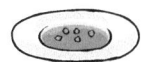

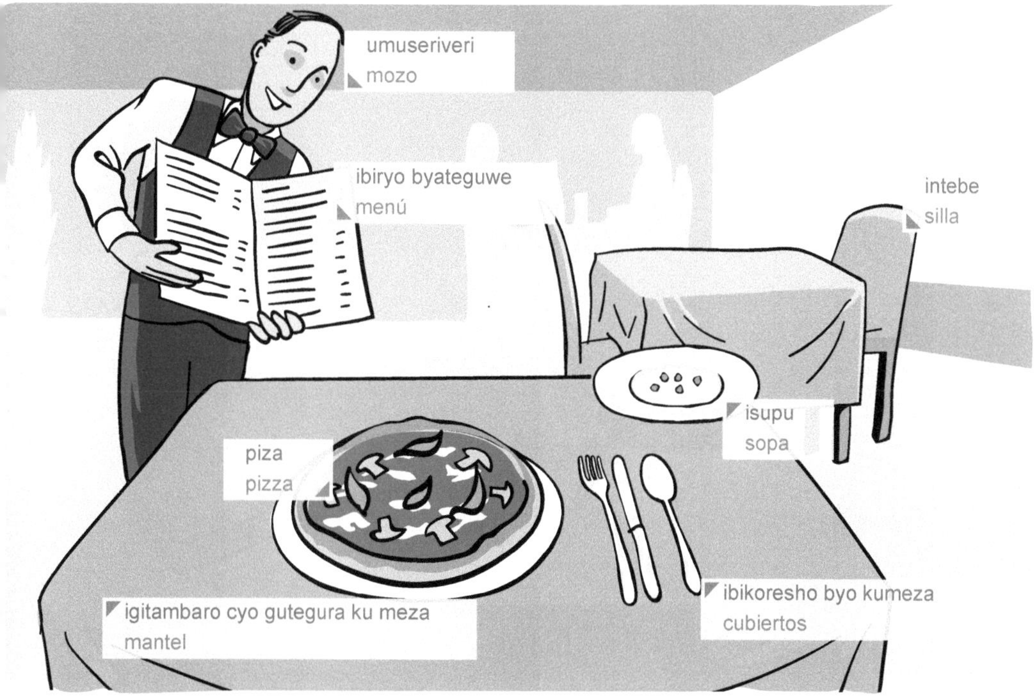

umuseriveri
mozo
ibiryo byateguwe
menú
intebe
silla
isupu
sopa
piza
pizza
ibikoresho byo kumeza
cubiertos
igitambaro cyo gutegura ku meza
mantel

aperitifu

entrada

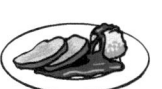

isahani nkuru

plato principal

deseri

postre

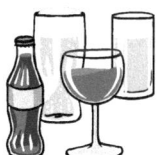

ibinyobwa

bebidas

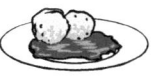

ibiribwa

comida

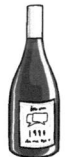

icupa

botella

ibiryo barya bagenda

comida rápida

ibiryo byo kumuhanda

comida callejera

ibirika y'icyayi

tetera

agakombe k'isukari

azucarera

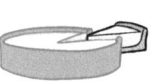

isahani y'ibiryo

porción

imashini y'ikawa ya esipereso

cafetera expreso

intebe ndende

sillita alta

inyemezabuguzi

cuenta

ipurato

bandeja

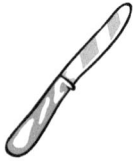

icyuma

cuchillo

ikanya

tenedor

ikiyiko

cuchara

akayiko k'icyayi

cucharita

seriviyete

servilleta

ikirahure cyo kunywesha

vaso

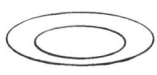

isahani

plato

isahani y'isupu

plato hondo

agasutasi

plato

isosi

salsa

agacupa k'umunyu

salero

agasekuru k'urusenda

molinillo de pimienta

vinegere

vinagre

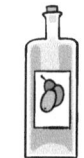

amavuta

aceite

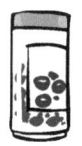

ibirunge

especias

kecapu

kétchup

mutaride

mostaza

mayonezi

mayonesa

amangazini manini

supermercado

igiciro kidasanzwe
oferta especial
FOR
umukiriya
cliente
ibiva mu mata
lácteos
imbuto
fruta
akagorofani ko mu iduka
changuito

BUTCHERS

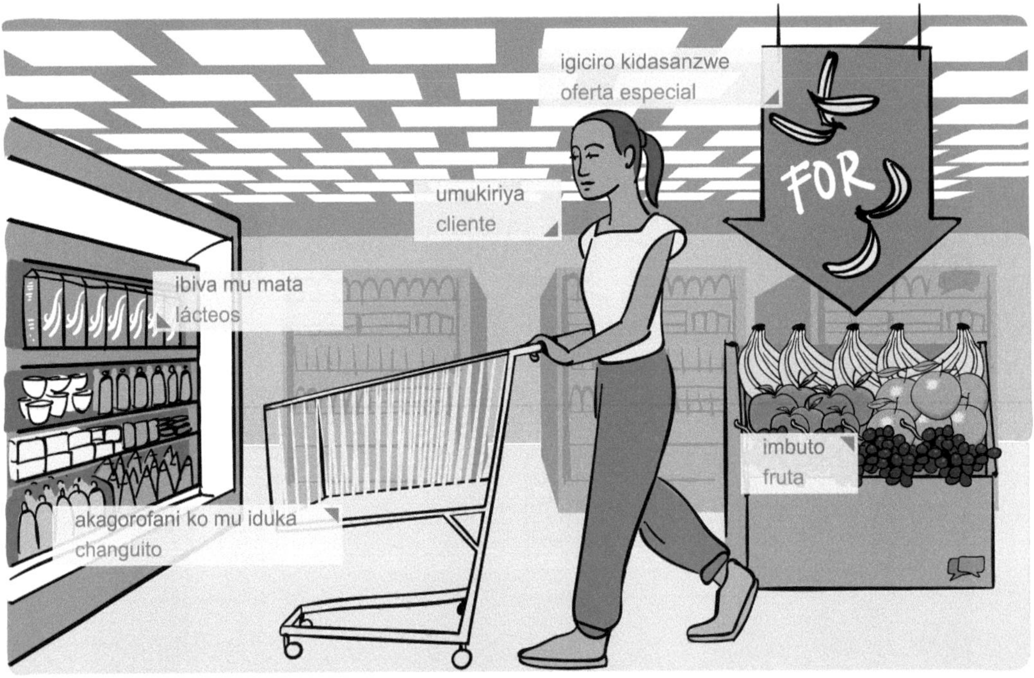

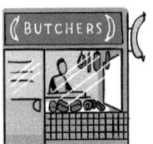

busheri

carnicería

BAKERY

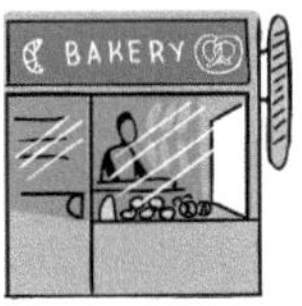

buranjeri

panadería

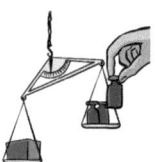

gupima ibiro

pesar

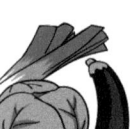

imboga

verduras

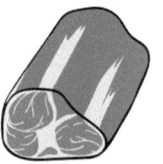

inyama

carne

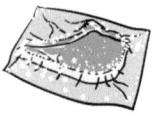

ibiryo bakonjesheje

alimentos congelados

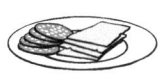

inyama zikonje

fiambres

ibiryo byo mu makopo

alimentos enlatados

isabune y'ifu

detergente en polvo

bombo

golosinas

ibikoresho byo mu rugo

electrodomésticos

imiti isukura

productos de limpieza

umucuruzikazi

vendedora

kukesa

caja

umubitsi

cajero

urutonde rwo guhaha

lista de compras

amasaha haba hafunguye

horario de atención

ipotomoni

billetera

ikarita ya banki

tarjeta de crédito

umufuka

cartera

imifuko ya pulasitike

bolsa de plástico

amazi

agua

umutobe

jugo

amata

leche

koka

bebida cola

divayi

vino

byeri

cerveza

inzoga

alcohol

shokora ishyushye

cacao

icyayi

té

ikawa

café

ikawa ya esipereso

café expreso

kapucino

cappuccino

umuneke

banana

pome

manzana

icunga

naranja

wotameloni

melón

indimu

limón

karoti

zanahoria

tungurusumu

ajo

umugano

bambú

urutunguru

cebolla

icyoba

champiñón

ubunyobwa

nueces

amakaroni

fideos

spageti

tallarines

umuceri

arroz

salade

ensalada

udufiriti

papas fritas

ibirayi by'ifiriti

papas fritas

piza

pizza

hamburugeri

hamburguesa

sanduwici

sándwich

escalope

churrasco

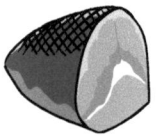

jambo

jamón

salami

salame

sosiso

salchicha

inkoko

pollo

kotsa

asado

ifi

pescado

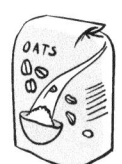

igikoma cy'uburo

copos de avena

pisitashi

muesli

impeke

copos de maíz

ifu

harina

kuruwasa

medialuna

amandazi

pancito

umugati

pan

umugati wumishijwe

tostada

ibisuguti

galletitas

amavuta

manteca

forumaje year

cuajada

keke

torta

igi

huevo

umureti

huevo frito

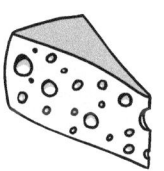

forumaje

queso

ayisikirimu

helado

isukari

azúcar

ubuki

miel

konfitire

mermelada

shokora

pasta de chocolate

kiri

curry

ifamu
granja

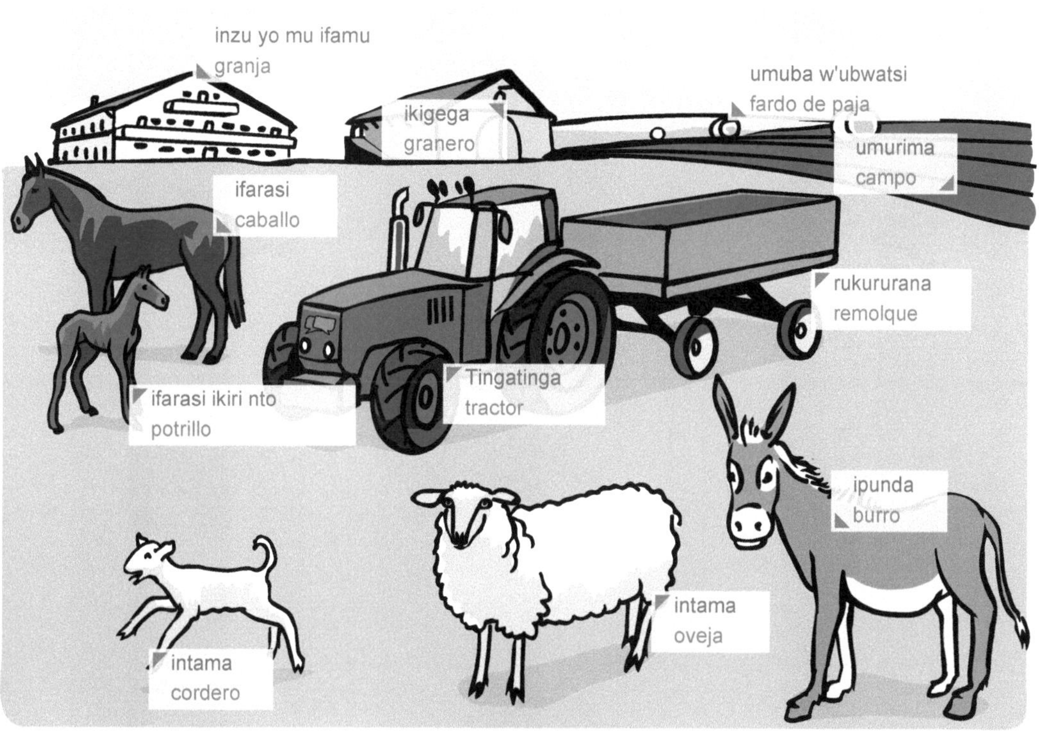

inzu yo mu ifamu
granja
ikigega
granero
umuba w'ubwatsi
fardo de paja
umurima
campo
ifarasi
caballo
rukururana
remolque
Tingatinga
tractor
ifarasi ikiri nto
potrillo
ipunda
burro
intama
oveja
intama
cordero

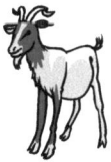

ihene

cabra

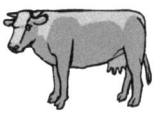

inka

vaca

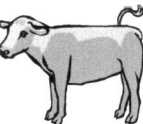

umutavu

ternero

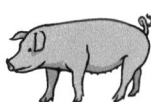

ingurube

cerdo

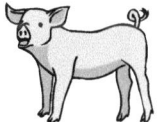

ikibwana k'ingurube

lechón

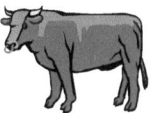

ikimasa

toro

igishuhe

ganso

imbata

pato

umushwi

pollo

inkokokazi

gallina

isake

gallo

imbeba

rata

injangwe

gato

imbeba

ratón

ikimasa

buey

imbwa

perro

ikiruka

cucha

itiyo ijyana mu karima

manguera

arozuwari

regadera

najuru

guadaña

imashini ihinga

arado

najuru

hoz

isuka

azada

rato

horquilla

ishoka

hacha

ingorofani

carretilla

ikibumbiro

abrevadero

inkongoro

lechera

igunira

bolsa

urugo

reja

ikiraro

establo

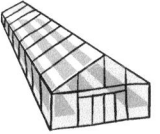

inzu ihingwamo

invernadero

ubutaka

suelo

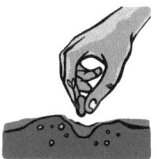

imbuto zo gutera

semilla

ifumbire

fertilizador

imashini isarura

cosechadora

gusarura

cosechar

umusaruro

cosecha

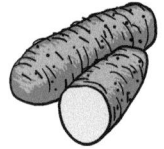

ibikoro

batatas

ingano

trigo

soya

soja

ikirayi

papa

ikigori

maíz

umwayi weze

semilla de colza

igiti k'imbuto

árbol frutal

umwumbati

mandioca

impeke

cereales

inzu
casa

shemine
chimenea
igisenge
techo
umureko
caño de desagüe
idirishya
ventana
igaraji
garaje
inzogera yo ku muryango
timbre
umuryango
puerta
pubere
tacho de basura
agasanduku k'amabaruwa
buzón
ubusitani
jardín

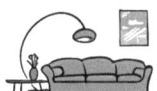

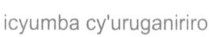

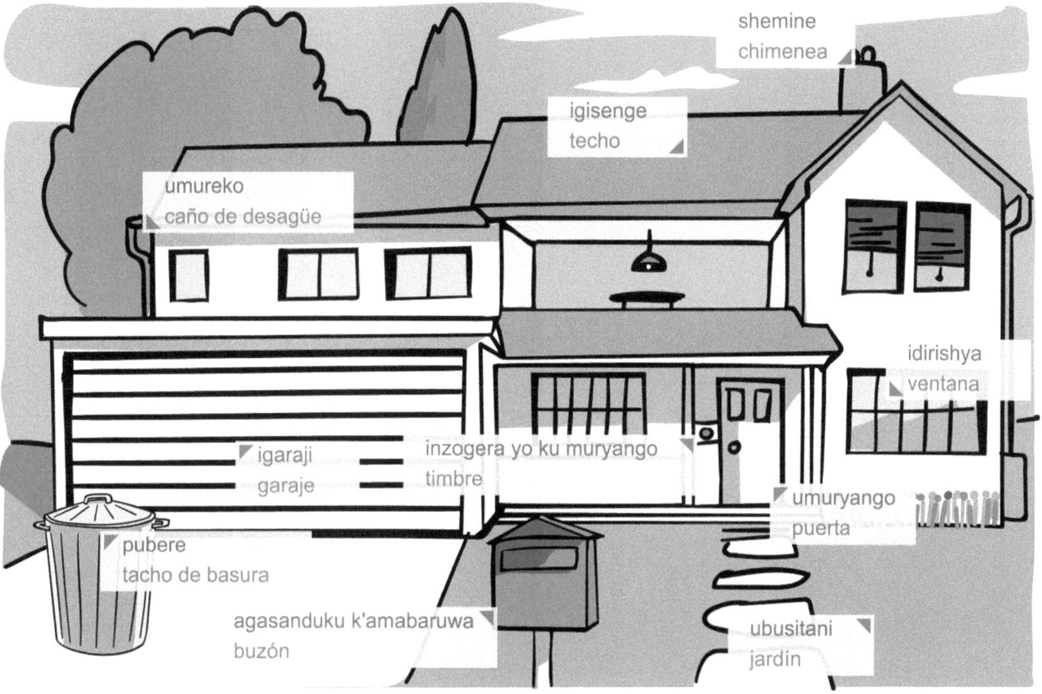

icyumba cy'uruganiriro
living

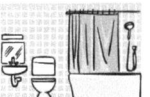

ubwogero
baño

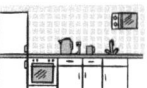

igikoni
cocina

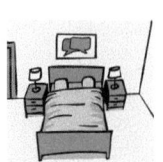

icyumba cyo kuraramo
dormitorio

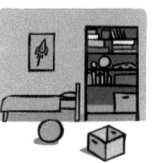

icyumba cy'abana
cuarto de los chicos

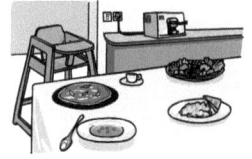

uburiro
comedor

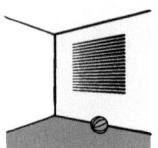

hasi

piso

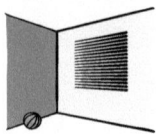

urukuta

pared

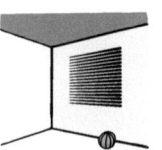

purafo

cielorraso

kave

sótano

sawuna

sauna

urubaraza

balcón

ku rubaraza

terraza

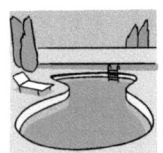

pisine

pileta

imashini ikupakupa

cortadora de pasto

umwenda utwikira

sábana

kuvureri

acolchado

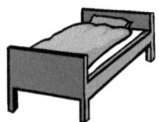

igitanda

cama

umweyo

escoba

indobo

balde

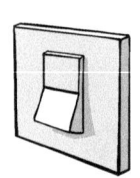

enteributeri

interruptor

icyumba cy'uruganiriro
living

urupapuro rwomekwa ku rukuta
empapelado
ifoto
imagen
itara
lámpara
etajere
estante
akabati
armario
televiziyo
televisión
shemine
chimenea
indabo
flor
umusego
almohadón
ifoteyi nini
sofá
icyungo k'indabo
florero
terekomande
control remoto

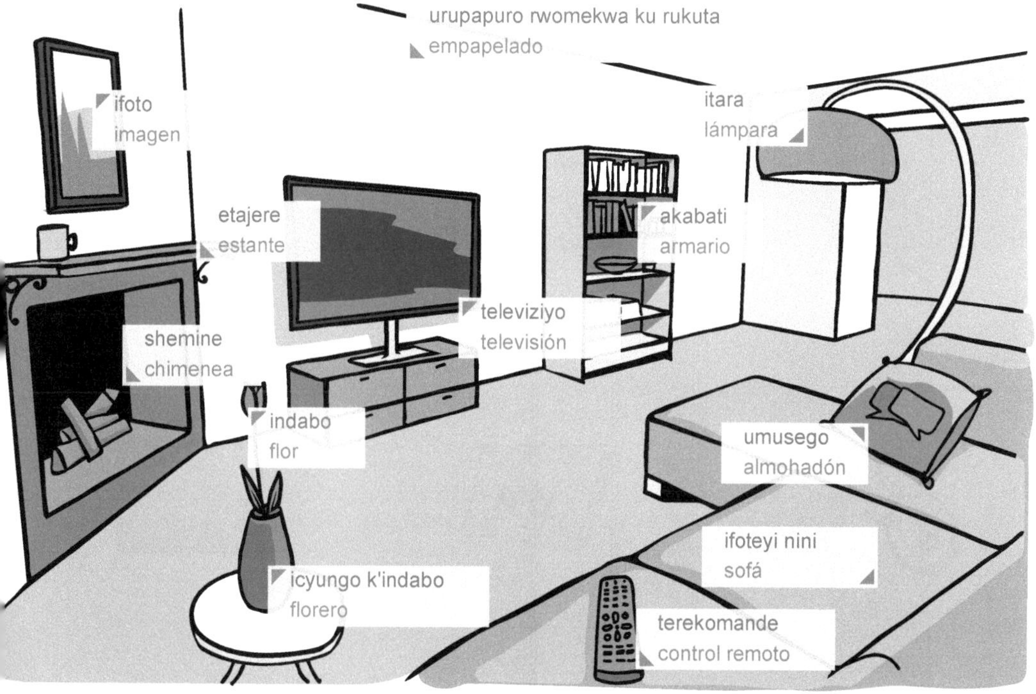

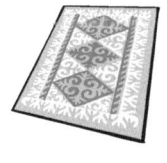

itapi
alfombra

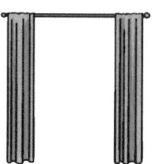

rido
cortina

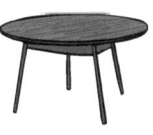

ameza
mesa

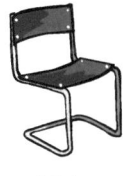

intebe
silla

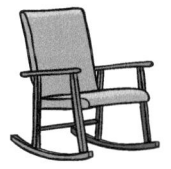

intebe yizengurutsa
mecedora

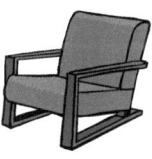

ifoteyi
sillón

igitabo

libro

uburingiti

frazada

umutako

decoración

inkwi

leña

filimi

película

ibikoresho bya hifi

equipo de música

urufunguzo

llave

ikinyamakuru

diario

ishusho

pintura

icyapa

póster

iradiyo

radio

ikarine

cuaderno

umweyo wa kizungu
ukoresha umwka

aspiradora

ikimungu

cactus

buji

vela

igikoni
cocina

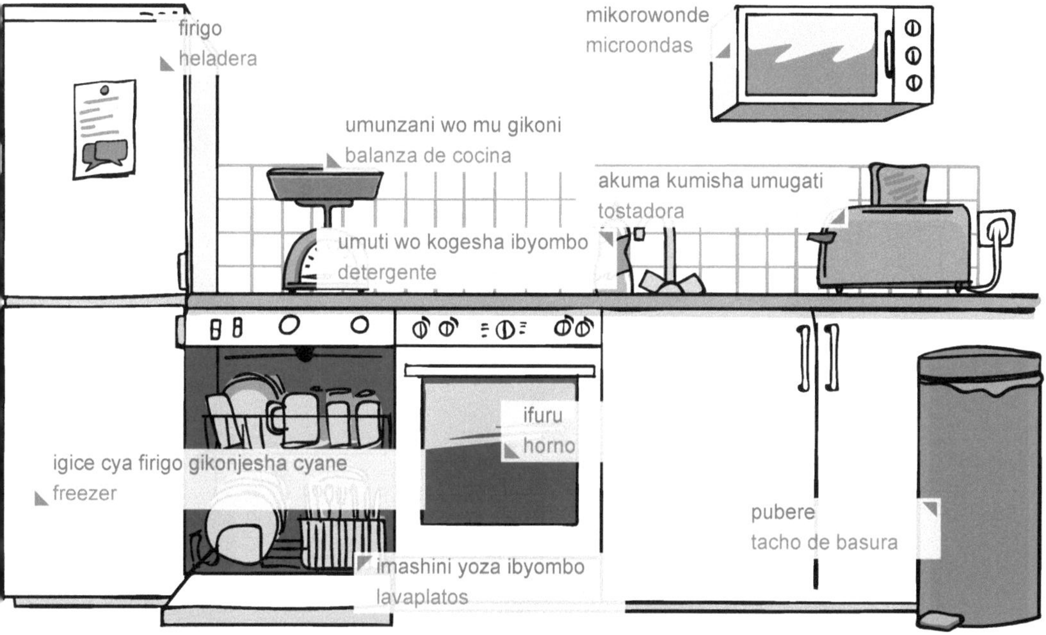
firigo
heladera
mikorowonde
microondas
umunzani wo mu gikoni
balanza de cocina
akuma kumisha umugati
tostadora
umuti wo kogesha ibyombo
detergente
ifuru
horno
igice cya firigo gikonjesha cyane
freezer
pubere
tacho de basura
imashini yoza ibyombo
lavaplatos

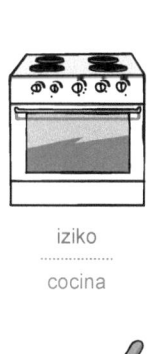

iziko

cocina

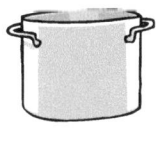

icyungo

olla

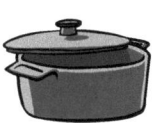

inkono y'icyuma

olla de hierro fundido

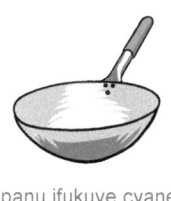

ipanu ifukuye cyane

wok

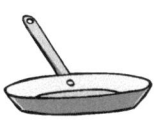

ipanu

sartén

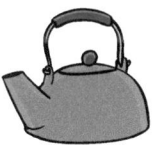

ibirika

pava

isafuriya ya peresiyo
vaporera

isahani yo mu ifuru
bandeja de horno

ibyombo
vajilla

igikombe
taza

isorori
bol

uduti abashinwa barisha
palitos

ikiyiko kigabura
cucharón

lkiyiko cyarura ifiriti
estpátula

umutozo
batidora

paswari
colador

akayunguruzo
colador

agaharuzo ka karoti
rallador

isekuru
mortero

icyokezo
parrilla

shomine
fogata

igikoni - cocina

akabaho ko gukatiraho
imboga

tabla de picar

umwuko

palo de amasar

urufunguzo rwa divayi

sacacorchos

agakopo

lata

urufunguzo rw'amakopo

abrelatas

umukondo w'icyungo

manopla

ravabo

pileta

uburoso

cepillo

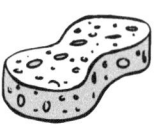

iponji

esponja

mixer

batidora

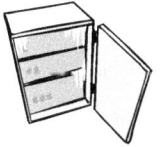

firigo itambitse

congelador

bibero

mamadera

robine

canilla

ubwogero

baño

robine imishagira amazi ku mubiri mu bwogero
ducha
umushyushya
calefacción
isume
toalla
rido y'ubwogero
cortina de ducha
isabune y'ifuro yo koga
baño de espuma
umuvure w'ubwogero
bañadera
ikirahure cyo kunywesha
vaso
imashini imesa
lavarropas
robine
canilla
amakaro
baldosas
igikono bitumamo
pelela
ravabo
pileta

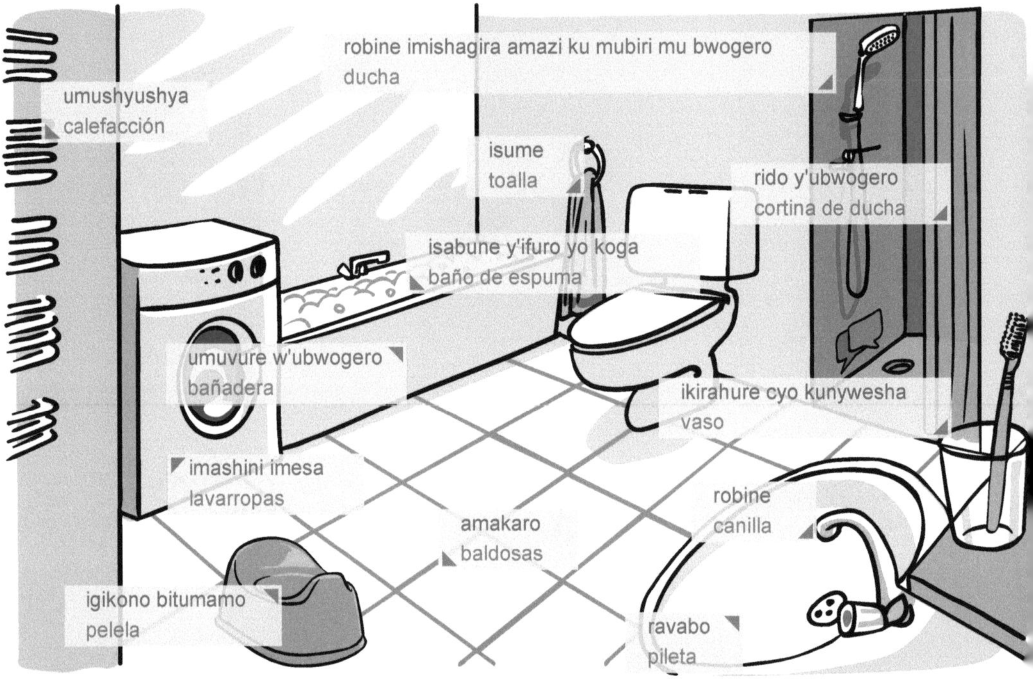

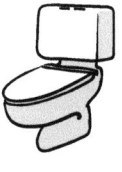

ubwiherero

inodoro

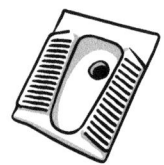

umusarani wo gusutama

letrina

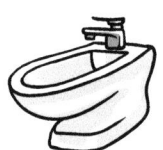

igikono cy'ubwiherero bwo mu nzu

bidé

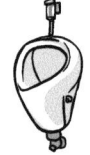

aho bihagarika

mingitorio

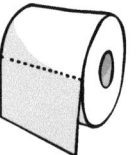

papiyejenike

papel higiénico

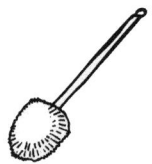

uburoso bwo mu bwiherero

cepillo para el inodoro

uburoso bw'amenyo

cepillo de dientes

korogati

dentifrico

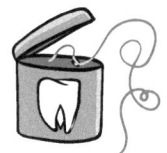

akagozi ko kwihaganyuza
amenyo

hilo dental

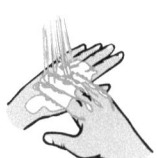

gukaraba

lavar

akamishagira amazi ku
mubiri bafata mu ntoki

ducha de mano

ubwogero bw'amazi yisuka

ducha higiénica

lavabo bakarabiramo intoki

palangana

uburoso bwo kwitsiritisha
mu mugongo

cepillo para espalda

isabune

jabón

isabune yo mu bwogero

gel de ducha

isabune yo kumeshesha
umusatsi

shampoo

icyangwe cyo kwiyuhagiza

toallita

kuyobora amazi yanduye

desagüe

ikimuri

crema

umubavu

desodorante

ikirori cyo mu ntoki

espejo

ikirori cyo mu ntoki

espejito

urwembe

maquinita de afeitar

ifuro ryo kurinda imiburu

espuma de afeitar

umuti ukingira imiburu

aftershave

igisokozo

peine

uburoso

cepillo

imashini yumisha umusatsi

secador de pelo

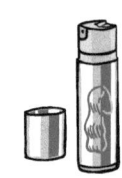

amarashi y'umusatsi

spray

igishahuro cyo kwitera

maquillaje

rujalevure

lápiz de labios

verini y'inzara

esmalte para uñas

ipamba

algodón

agasena inzara

tijera para uñas

umubavu

perfume

agafuka k'ibikoresho byo
mu bwogero

portacosméticos

intebe

banqueta

umunzani

balanza

ikanzu yo kujyana mu
bwogero

bata

udupfukantoki two
gusukuza

guantes de goma

urubindo

tampón

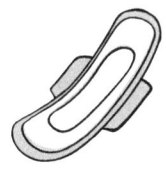

udupapuro two
kwihanaguza mu bwiherero

toallita femenina

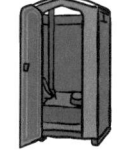

ubwiherero bwimukanwa

baño químico

icyumba cy'abana

cuarto de los chicos

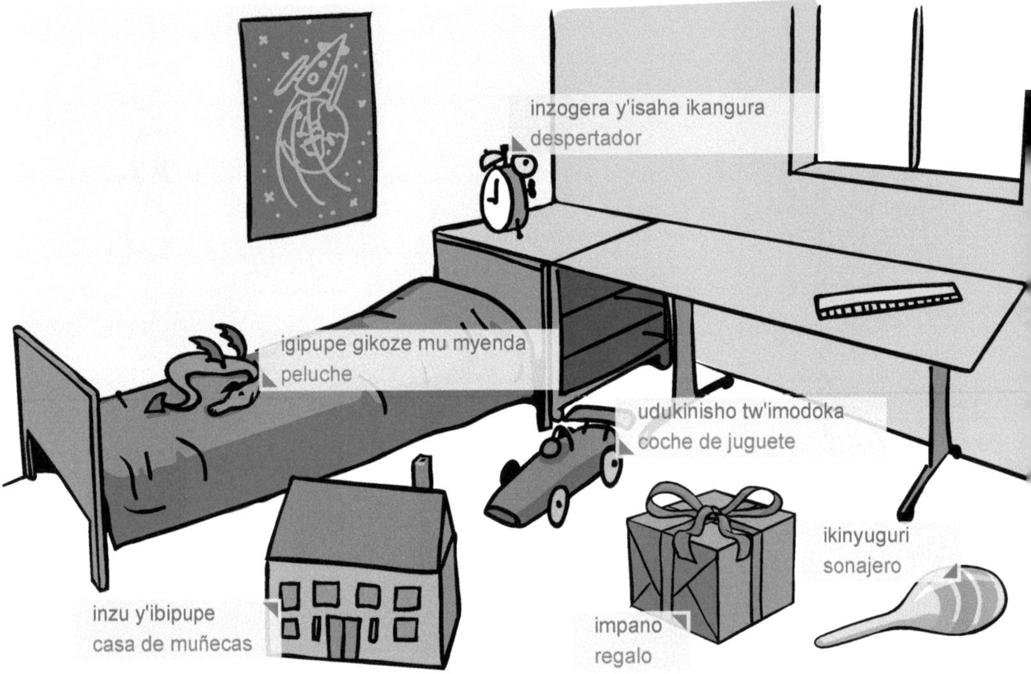

inzogera y'isaha ikangura
despertador
igipupe gikoze mu myenda
peluche
udukinisho tw'imodoka
coche de juguete
ikinyuguri
sonajero
inzu y'ibipupe
casa de muñecas
impano
regalo

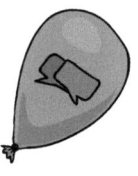

ballon

globo

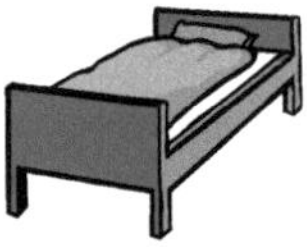

igitanda

cama

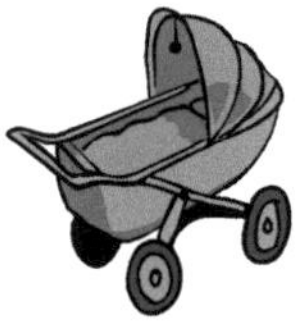

agapusipusi

cochecito

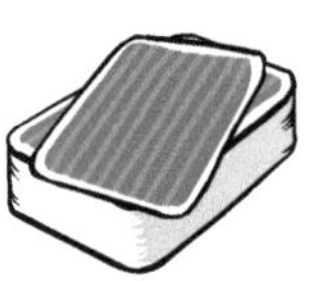

amakarita

cartas

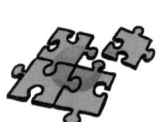

kubaka ishusho bacagaguye

rompecabezas

SUPER MEGA

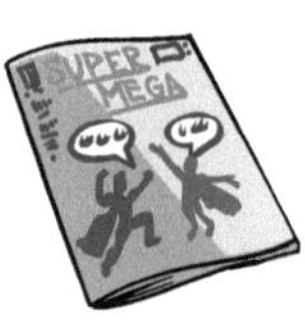

inkuru isetsa

historieta

gucomekanya udutafari

piezas de lego

udutafari tw'udukinisho

ladrillos de juguete

igikinisho

figura de acción

ipinjama y'uruhinja

enterito (de bebé)

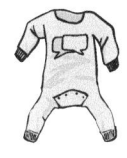

gutera indege

frisbee

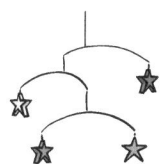

terefoni ngendanwa

móvil para bebés

imikino yo kuganiriraho

juego de mesa

igisoro

dados

gariyamoshi y'igikinisho

tren eléctrico

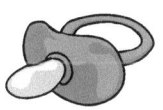

ikinyonyo

chupete

umunsi mukuru

fiesta

arubumu

libro de cuentos ilustrado

umupira

pelota

agapupe

muñeca

gukina

jugar

igikarito cy'umucanga
....
arenero

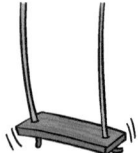

urwicundo
....
hamaca

ibikinisho
....
juguetes

agasanduku k'imikino yo
kuri videwo
....
consola de videojuegos

akagare k'imipine itatu
....
triciclo

igipupe k'ibyoya
....
osito de peluche

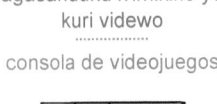

akabati k'imyenda
....
armario

imyambaro

ropa

amasogisi
....
medias

amasogisi afatanye n'ikariso
....
medias panty

kora
....
calzas

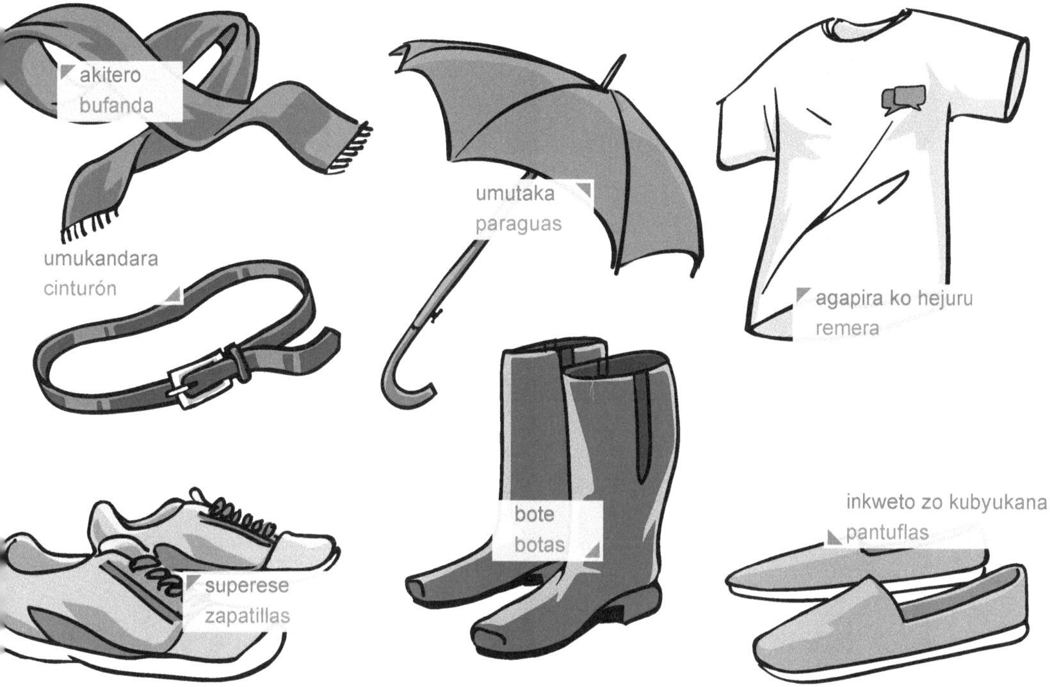

akitero
bufanda

umukandara
cinturón

umutaka
paraguas

agapira ko hejuru
remera

bote
botas

inkweto zo kubyukana
pantuflas

superese
zapatillas

ısandarı

sandalias

ınkweto

zapatos

bote za kawucu

botas de goma

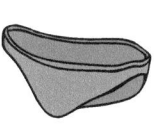

imyenda y'imbere

ropa interior

isutiye

corpiño

isengeri

chaleco

imyambaro - ropa

45

body
body

ipantalo
pantalones

ikoboyi
jeans

ijipo
pollera

ishati y'abagore
blusa

ishati
camisa

umupira w'imbeho
pulóver

umupira w'ingofero
buzo

agakoti
blazer

ijaketi
campera

ikoti
tapado

ikoti ry'imvura
piloto

umwambaro w'ibikino
traje

ikanzu
vestido

ikanzu y'abageni
vestido de novia

kostitimu

traje

ikanzu yo kurarana

camisón

ipinjama

pijama

umukenyero w'abahindikazi

sari

igitambaro cyo mu mutwe

pañuelo para cabeza

urugori

turbante

umwitandiro uhisha isura

burka

ikanzu ndende

caftán

igishura

abaya

imyenda yo
kwidumbaguzanya

traje de baño

ikariso yo
kwidumbaguzanya

short de baño

ikabutura

shorts

tereningi

jogging

itaburiya

delantal

udupfukantoki

guantes

igipesu

botón

amadarubindi

anteojos

igikomo

pulsera

umukufi

collar

impeta

anillo

iherena

aro

ingofero

gorra

porutemanto

percha

ingofero

sombrero

karuvati

corbata

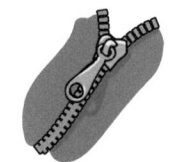

imashini yo ku mwenda

cierre

kasike

casco

amaburuteri

tiradores

umwambaro w'ishuri

uniforme escolar

impuzankano

uniforme

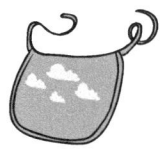

agakingirankonda

babero

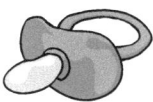

ikinyonyo

chupete

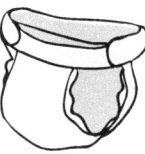

amaranje

pañal

ibiro

oficina

seriveri
servidor
akabati k'impapuro
archivero
empirimante
impresora
ekara
monitor
urupapuro
papel
suri
mouse
ameza yo kwandikiraho
escritorio
karaseri
carpeta
karaviye
teclado
pubere
tacho (de basura)
mudasobwa
computadora
intebe
silla

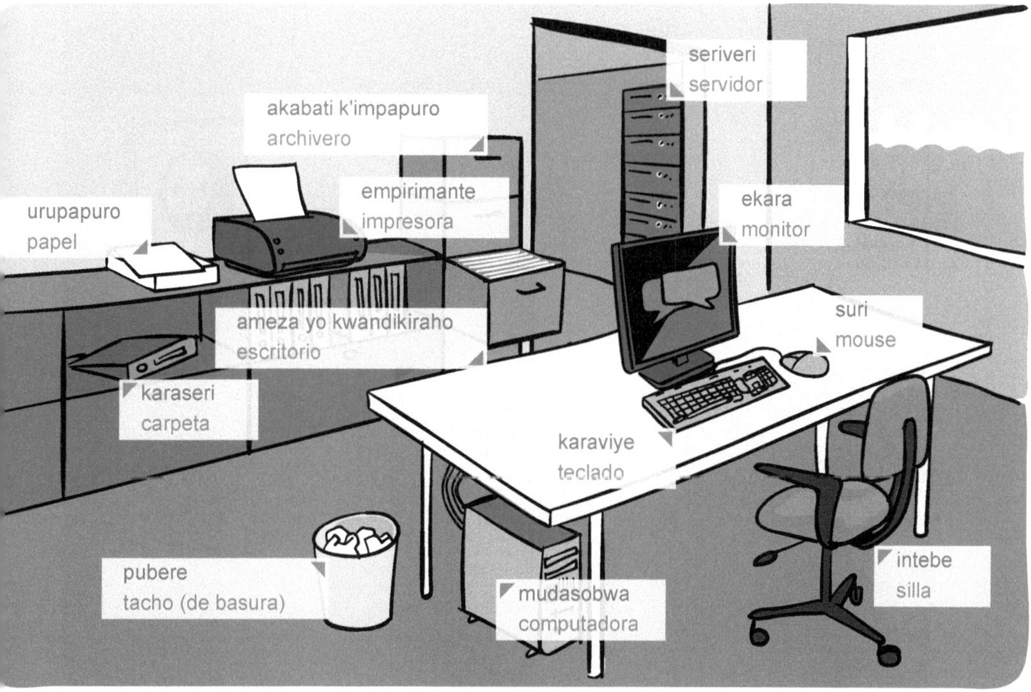

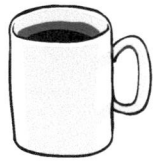

igikombe k'ikawa

taza de café

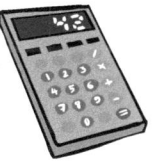

akabarisho

calculadora

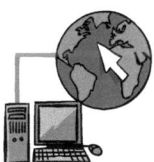

enterineti

internet

laputopu

laptop

ibaruwa

carta

ubutumwa

mensaje

ngendanwa

celular

netiwake

red

fotokopiyeze

fotocopiadora

porogaramu

software

telefoni

teléfono

purize

tomacorriente

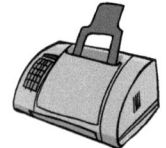

imashini yohereza fagisi

fax

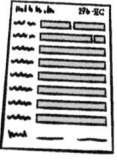

fomu

formulario

inyandiko

documento

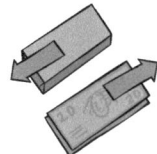

kugura

comprar

kwishyura

pagar

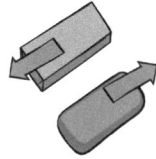

gucuruza

hacer negocios

amafaranga

dinero

idorari

dólar

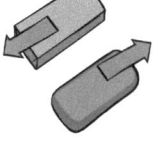

iyero

euro

iyeni

yen

irubure

rublo

ifaranga ry'irisuwisi

franco suizo

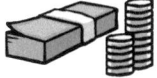

iriyuwani

yuan

irupi

rupia

icyuma cya banki
babikurizaho

cajero automático

ku muvunjayi

casa de cambio

zahabu

oro

feza

plata

peteroli

petróleo

ingufu z'amashanyarazi

energía

igiciro

precio

kontaro

contrato

tagisi

impuesto

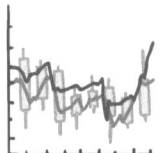

isoko ryo kugura no kugurisha

acción

gukora

trabajar

umukozi

empleado

umukoresha

empleador

uruganda

fábrica

iduka

negocio

imirimo
ocupaciones

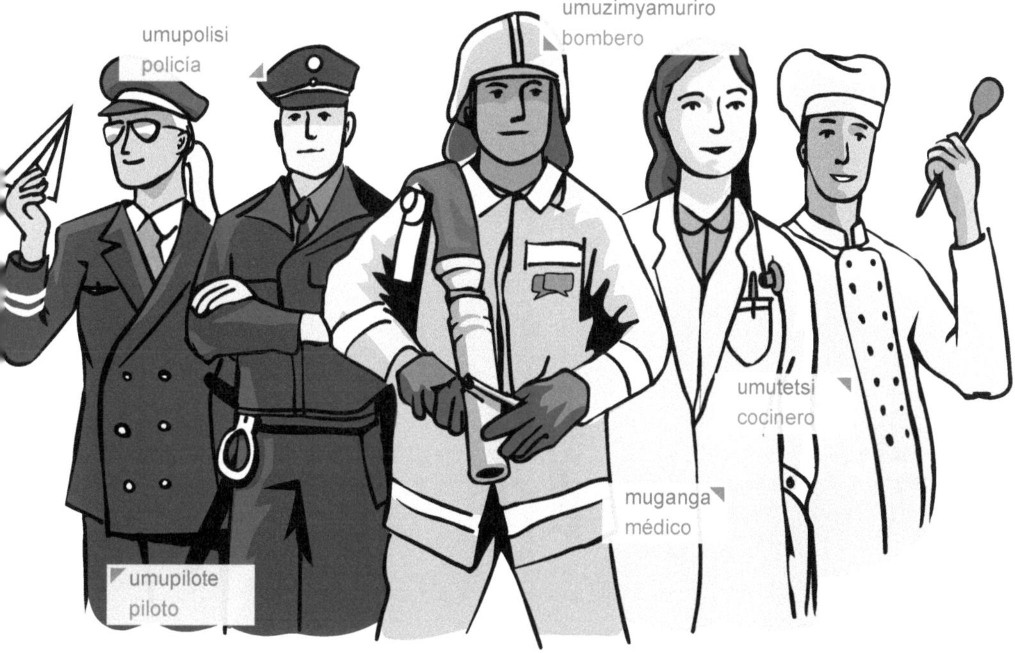
umupolisi
policía
umuzimyamuriro
bombero
umutetsi
cocinero
muganga
médico
umupilote
piloto

umujaridiniye

jardinero

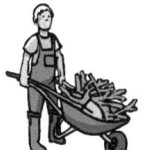

umubaji

carpintero

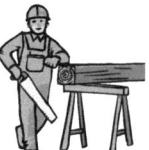

umudozi

modista

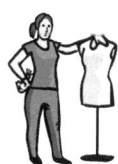

umucamanza

juez

umunyabutabire

farmacéutico

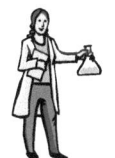

umukinnyi wa filimi

actor

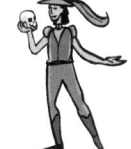

umushoferi wa bisi

colectivero

umushoferi wa tagisi

taxista

umurobyi

pescador

umugore ushinzwe gukora
isuku

mucama

umufundi usakara

techista

umuseriveri

mozo

umuhigi

cazador

umuntu usiga irangi

pintor

Umuntu ukora imigati

panadero

Umuntu ukora mu
mashanyarazi

electricista

umufundi

albañil

injenyeri

ingeniero

umubazi

carnicero

umutnu ukora mu mazi

plomero

umuparanto

cartero

umusirikare

soldado

umwubatsi

arquitecto

umubitsi

cajero

umuntu ukora mu by'indabo

florista

kimyozi

peluquero

komvuwayeri

cobrador

umukanishi

mecánico

kapiteni

capitán

muganga w'amenyo

dentista

umuhanga muri siyansi

científico

rabi

rabino

imamu

imán

umumwane

monje

umuyobozi w'idini

sacerdote

ibikoresho
herramientas

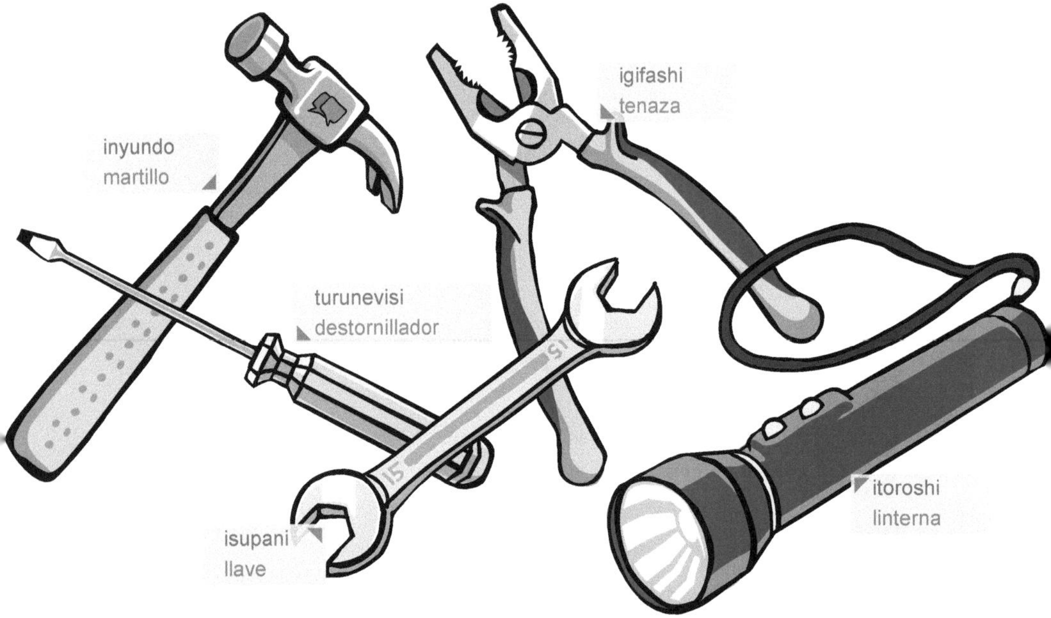

igifashi
tenaza
inyundo
martillo
turunevisi
destornillador
itoroshi
linterna
isupani
llave

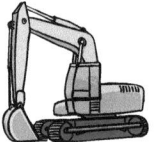

ipiki

excavadora

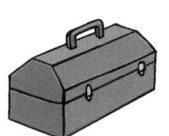

isanduku y'ibikoresho

caja de herramientas

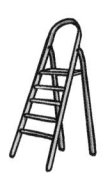

urwego

escalera portátil

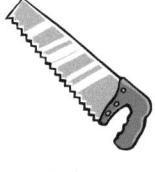

urukero

sierra

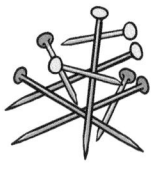

imisumari

clavos

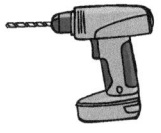

itindo

taladro

gusana

arreglar

igitiyo

pala de jardín

wo gacwa we

¡Qué bronca!

igitiyo

pala de plástico

igikombe k'irangi

tacho de pintura

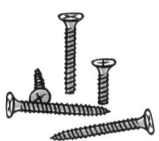

amavisi

tornillos

ibyuma by'umuziki
instrumentos musicales

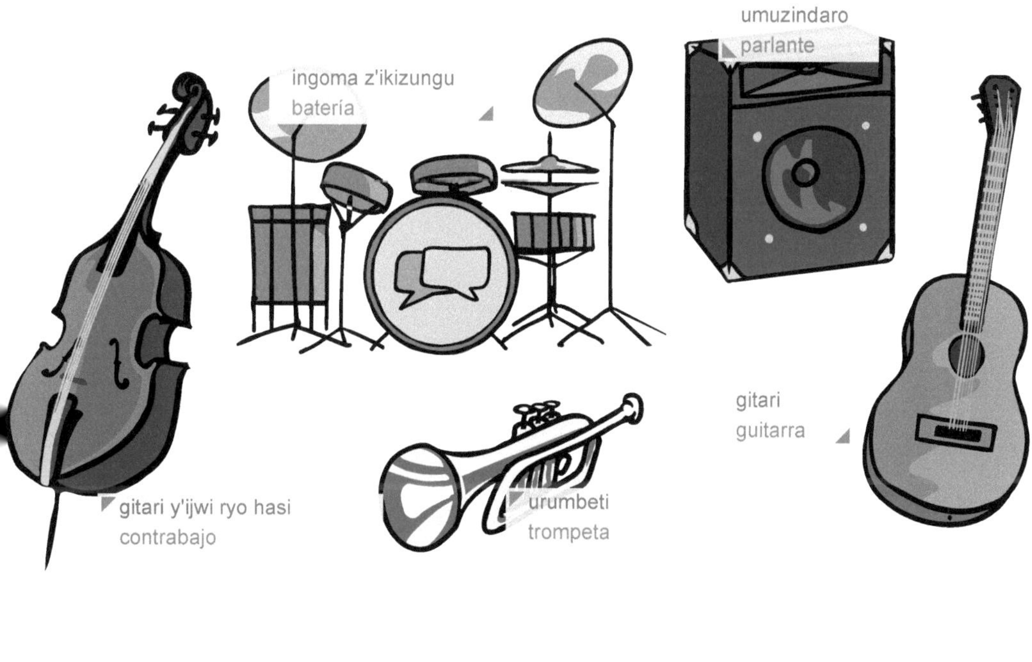

umuzindaro
parlante

ingoma z'ikizungu
batería

gitari
guitarra

gitari y'ijwi ryo hasi
contrabajo

urumbeti
trompeta

piyano

piano

iningiri

violín

gitari idunda

bajo

sembare

timbales

ingoma

tambor

inanga ya kizungu

teclado

sagisofone

saxofón

umwirongi

flauta

indangururamajwi

micrófono

zoo
zoológico

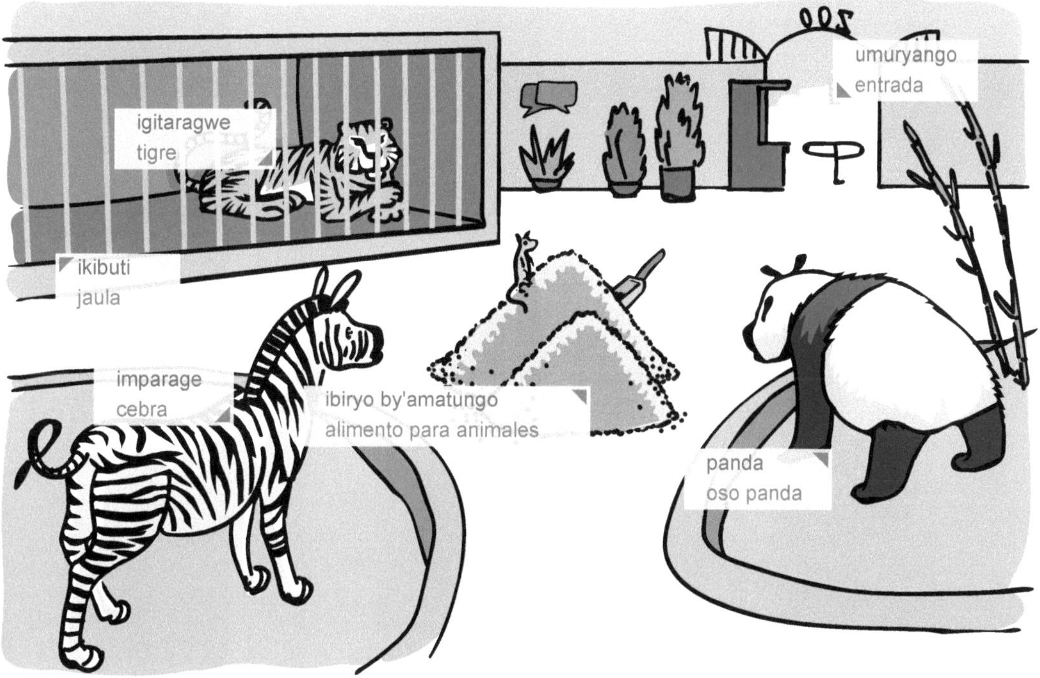

igitaragwe
tigre
umuryango
entrada
ikibuti
jaula
imparage
cebra
ibiryo by'amatungo
alimento para animales
panda
oso panda

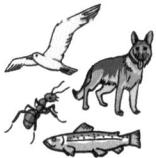

inyamaswa

animales

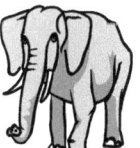

inzovu

elefante

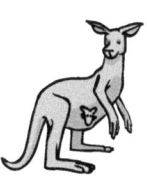

kanguru

canguro

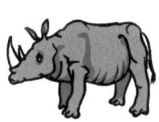

inkura

rinoceronte

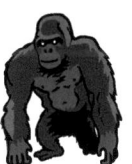

ingagi

gorila

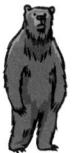

idubu

oso

ingamiya

camello

imbuni

avestruz

intare

león

inguge

mono

uruyongoyongo

flamenco

gasuku

loro

idubu yo mu bukonie

oso polar

inyoni yo ku mazi

pingüino

igifi kinini

tiburón

inyoni y'amasunzu

pavo real

inzoka

serpiente

ingona

cocodrilo

umurinzi

cuidador del zoológico

umuhuri

foca

ingwe

jaguar

icyana k'ifarasi

poni

ingwe

leopardo

imvubu

hipopótamo

umusumbarembo

jirafa

inkona

águila

isatura

jabalí

ifi

pescado

akanyamasyo

tortuga

igifi k'imikaka

morsa

umuhari

zorro

isha

gacela

Futuboro y'abanyamerika
fútbol americano

gusiganwa ku magare
ciclismo

tenisi
tenis

Basiketi
básquet

umukino wo koga
natación

umukino w'amakofe
boxeo

Hoke yo ku rubura
hockey sobre hielo

umupira w'amaguru

fútbol

umukino wa badminton

bádminton

abakina imikino
ngororamubiri

atletismo

handibolo

handball

guserereka kuri neje

esquí

polo

polo

ibikorwa
actividades

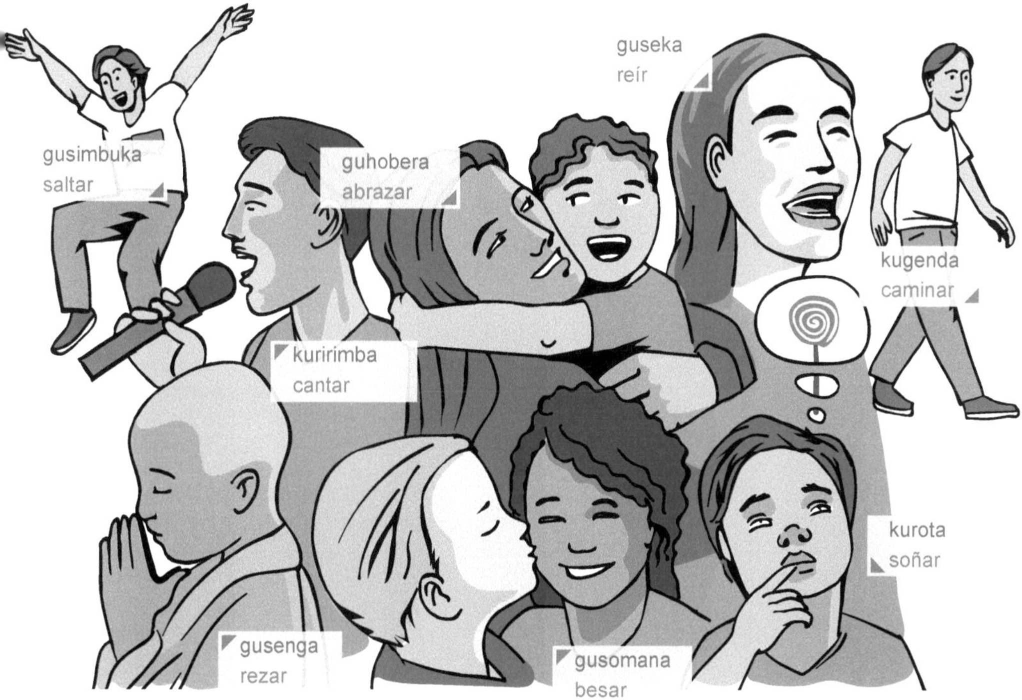
guseka
reír
gusimbuka
saltar
guhobera
abrazar
kugenda
caminar
kuririmba
cantar
kurota
soñar
gusenga
rezar
gusomana
besar

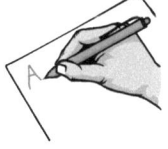

kwandika
escribir

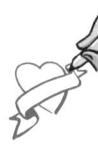

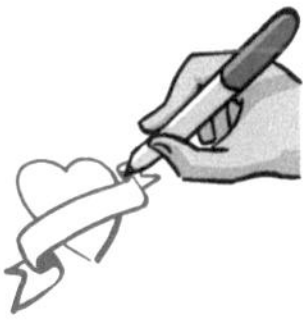

gushushanya
dibujar

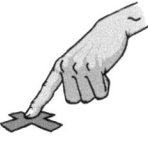

kwerekana
mostrar

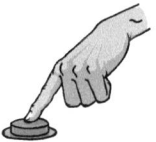

gusunika
presionar

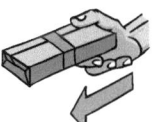

gutanga
dar

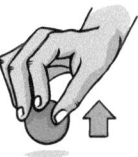

gufata
tomar

kugira

tener

gukora

hacer

kuba

ser

guhaguruka

estar parado

kwiruka

correr

gukurura

tirar

kujugunya

tirar

kugwa

caer

kuryama

estar acostado

gutegereza

esperar

kwikorera

llevar

kwicara

estar sentado

kwambara

vestirse

gusinzira

dormir

gukanguka

despertar

kureba

mirar

kurira

llorar

kwagaza

acariciar

gusokoza

peinar

kuvuga

hablar

gusobanukirwa

entender

kubaza

preguntar

kumva

escuchar

kunywa

beber

kurya

comer

gushyira ku murongo

ordenar

gukunda

amar

guteka

cocinar

gutwara imodoka

manejar

kuguruka

volar

kugashya

navegar

kubara

calcular

gusoma

leer

kwiga

aprender

gukora

trabajar

kurongora

casarse

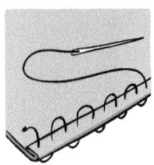

kudoda

coser

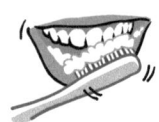

uburoso bw'amenyo

cepillarse los dientes

kwica

matar

kunywa itabi

fumar

kohereza

enviar

umuryango
familia

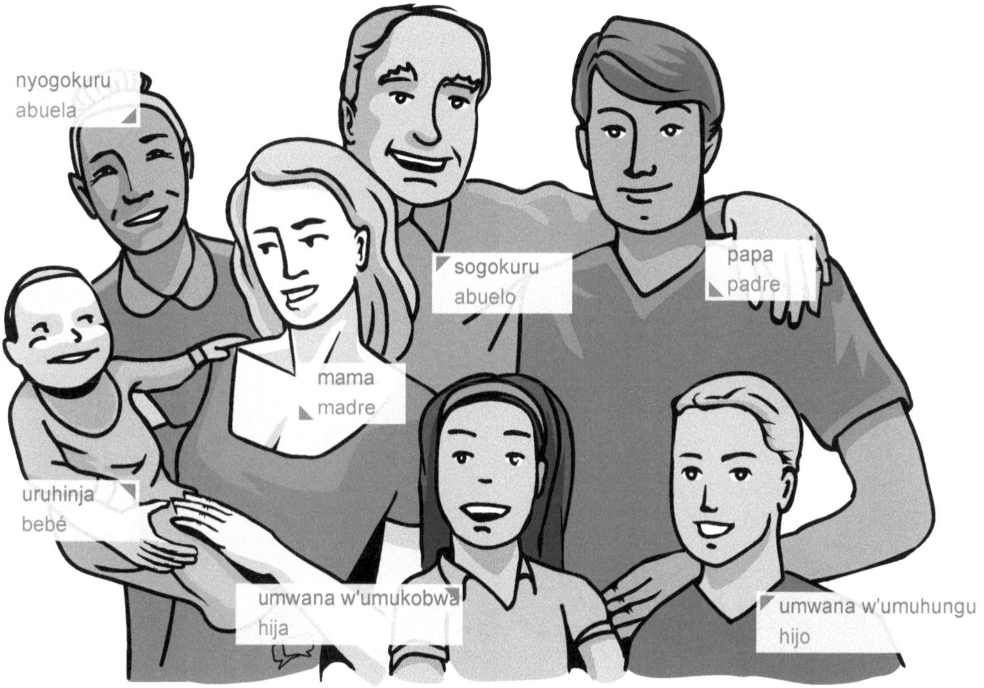
nyogokuru
abuela
sogokuru
abuelo
papa
padre
mama
madre
uruhinja
bebé
umwana w'umukobwa
hija
umwana w'umuhungu
hijo

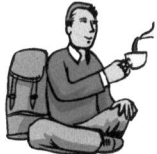

umushyitsi
invitado

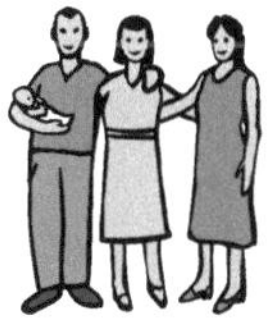

masenge
tía

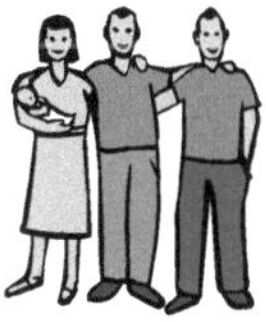

marume
tío

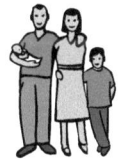

musaza wange
hermano

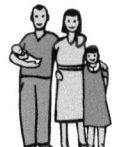

mushiki wange
hermana

umubiri

cuerpo

agahanga k'imbere
frente
ijisho
ojo
urutugu
hombro
urutoki
dedo
isura
cara
akananwa
pera
ikiganza
mano
ukuguru
pierna
ibere
pecho
ukuboko
brazo

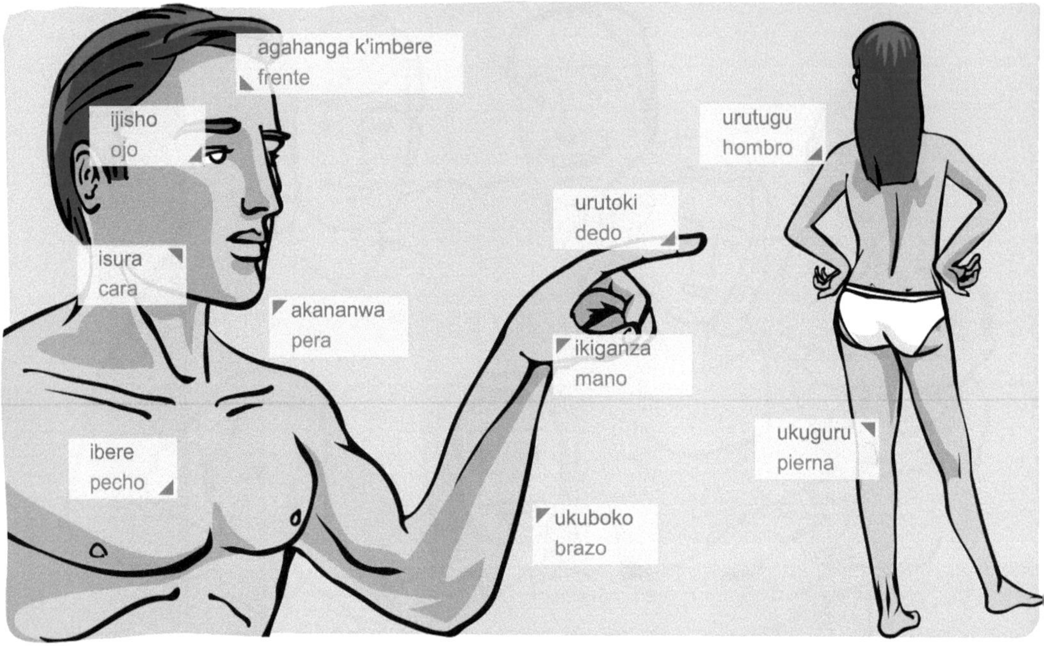

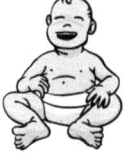

uruhinja
bebé

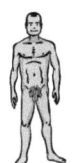

umugabo
hombre

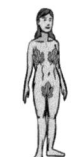

umugore
mujer

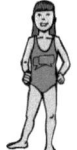

umukobwa
nena

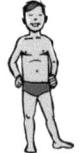

umuhungu
nene

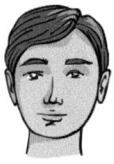

umutwe
cabeza

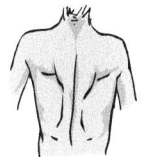

umugongo

espalda

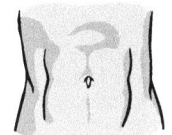

inda

panza

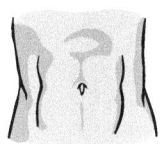

umukondo

ombligo

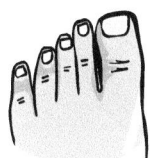

ino

dedo del pie

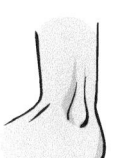

agatsinsino

talón

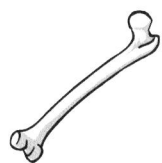

igufa

hueso

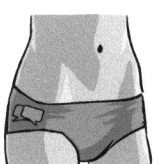

amayunguyungu

cadera

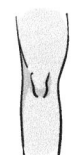

ivi

rodilla

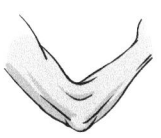

inkokora

codo

izuru

nariz

ikibuno

cola

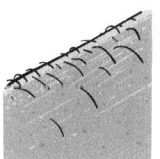

uruhu

piel

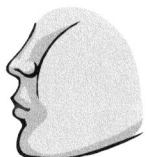

itama

cachete

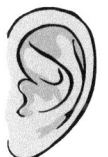

ugutwi

oreja

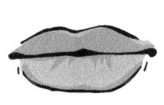

umunwa

labio

umubiri - cuerpo

mu munwa

boca

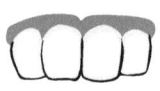

iryinyo

diente

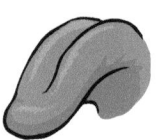

ururimi

lengua

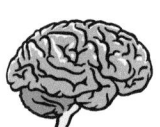

ubwonko

cerebro

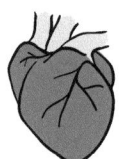

umutima

corazón

umutsi

músculo

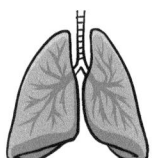

ibihaha

pulmón

umwijima

hígado

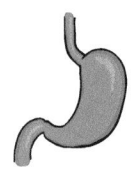

igifu

estómago

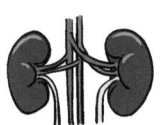

impyiko

riñones

igitsina

sexo

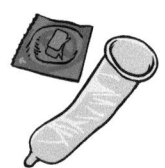

agakingirizo

preservativo

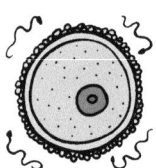

intanga

óvulo

amasohoro

semen

gusama inda

embarazo

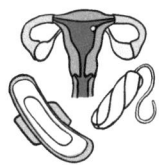

imihango

menstruación

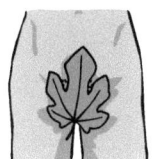

igituba

vagina

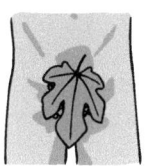

imboro

pene

ibitsike

ceja

umusatsi

pelo

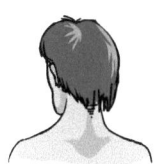

ijosi

cuello

ibitaro
hospital

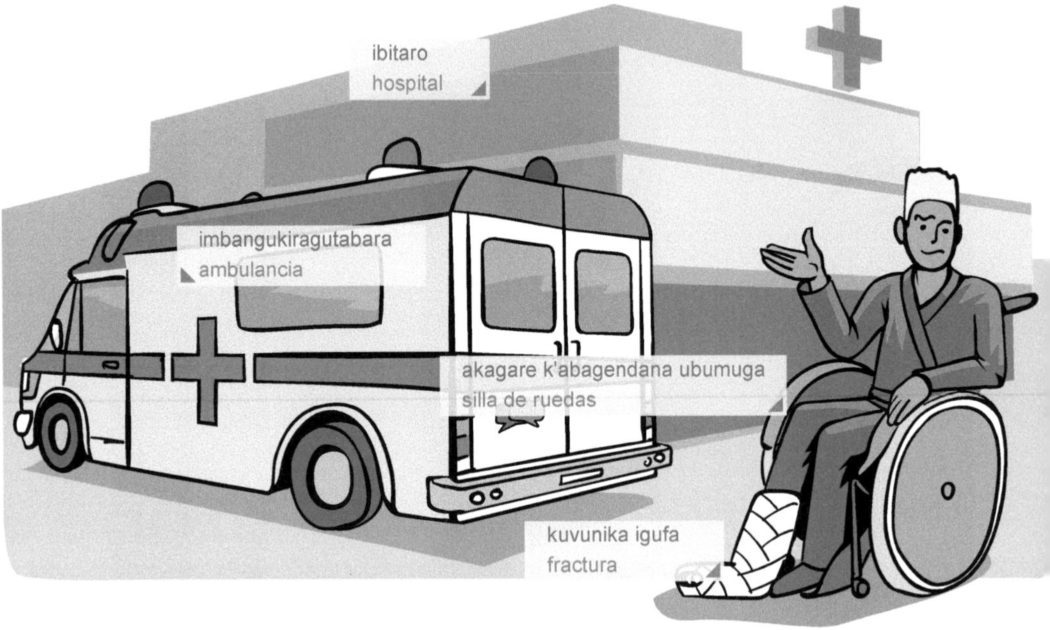

ibitaro
hospital
imbangukiragutabara
ambulancia
akagare k'abagendana ubumuga
silla de ruedas
kuvunika igufa
fractura

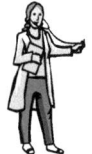

muganga
médico

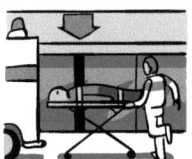

icyumba k'indembe
sala de guardia

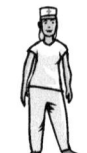

umuforomo kazi
enfermera

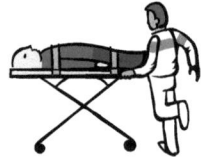

mu ndembe
emergencia

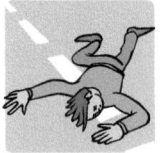

guta ubwenge
inconsciente

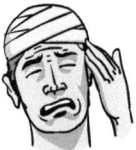

ububabare
dolor

igikomere

lesión

kuva amaraso

hemorragia

gufatwa n'umutima

infarto

kuziba k'udutsi two mu bwonko

ACV

kwivumbura k'umubiri

alergia

inkorora

tos

umuriro

fiebre

ibicurane

gripe

impiswi

diarrea

kurwara umutwe

dolor de cabeza

kanseri

cáncer

diyabete

diabetes

muganga ubaga

cirujano

icyuma kibaga umurwayi

bisturí

kubagwa

operación

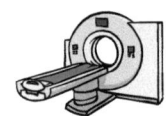

ifoto yo mu cyuma

TC

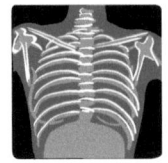

radiyo

rayos x

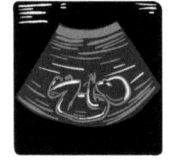

isuzuma rikoresha amajwi

ecografía

agapfukamunwa

barbijo

indwara

enfermedad

icyumba bategererezamo

sala de espera

imbago yo kwicumba

muleta

pasema

curita

igipfuko

venda

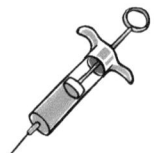

urushinge

inyección

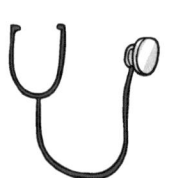

igipimo cy'umutima

estetoscopio

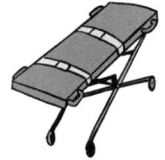

burankari

camilla

igipimo cy'umuriro

termómetro

ivuka

nacimiento

umubyibuho ukabije

sobrepeso

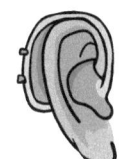

inyunganirangingo y'amatwi

audífono

umuti wica mikorobe

desinfectante

ubwandu

infección

virusi

virus

Virusi itera sida / Sida

VIH / SIDA

ubuganga

remedio

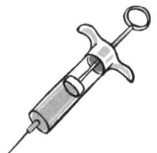

gukingira

vacunación

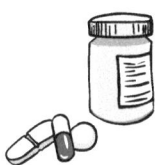

ibinini

comprimidos

ikinini

pastilla anticonceptiva

guhamagara byihutirwa

llamada de emergencia

igenzura ry'umuvuduko
w'amaraso

tensiómetro

urwaye / ufite amagara
meza

enfermo / sano

Ntabara!

¡Ayuda!

inzogera itabaza

alarma

gusagarira

agresión

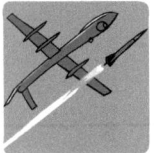

igitero

ataque

icyateza amakuba

peligro

umuryango unyuramo ukiza amagara

salida de emergencia

Inkongi!

¡Fuego!

ikizimyamuriro

matafuego

impanuka

accidente

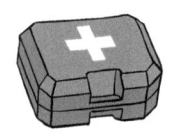

ibikoresho by'ubutabazi bw'ibanze

botiquín de primeros auxilios

induru itabaza

SOS

polisi

policía

Uburayi
....
Europa

Amerika y'Amajyaruguru
....
América del Norte

Amerika y'Amagepfo
....
América del Sur

Afurika
....
África

Aziya
....
Asia

Ositarariya
....
Australia

Atalantika
....
Atlántico

Oasifika
....
Pacífico

Inyanja y'Abahinde
....
Océano Índico

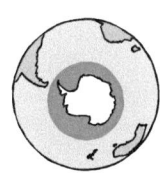

Inyanja y'Antagitika
....
Océano Antártico

Inyanja y'Arigitika
....
Océano Ártico

Amajyaruguru y'Isi
....
polo norte

Amagepfo y'Isi

polo sur

Antaragitika

Antártida

Isi

Tierra

ubutaka

tierra

ikiyaga

mar

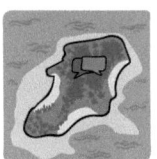

ikirwa

isla

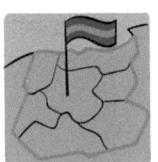

igihugu

nación

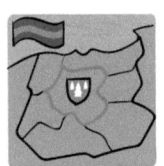

leta

estado

kadere y'isaha

esfera

urushinge rw'amasaha

manecilla de las horas

urushinge rw'iminota

minutero

urushinge rw'amasegonda

segundero

ni isaha ki?

¿Qué hora es?

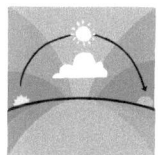

umunsi

día

igihe

hora

nonaha

ahora

isaha y'imibare

reloj digital

iminota

minuto

amasaha

hora

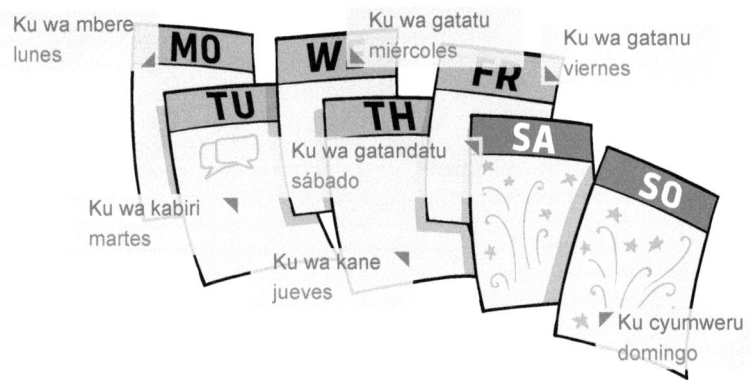

Ku wa mbere
lunes

Ku wa gatatu
miércoles

Ku wa gatanu
viernes

Ku wa kabiri
martes

Ku wa gatandatu
sábado

Ku wa kane
jueves

Ku cyumweru
domingo

ejo hashize

ayer

hoy

ejo hazaza

mañana

igitondo

mañana

saa sita

mediodía

ku mugoroba

tarde

iminsi y'akazi

días hábiles

wikendi

fin de semana

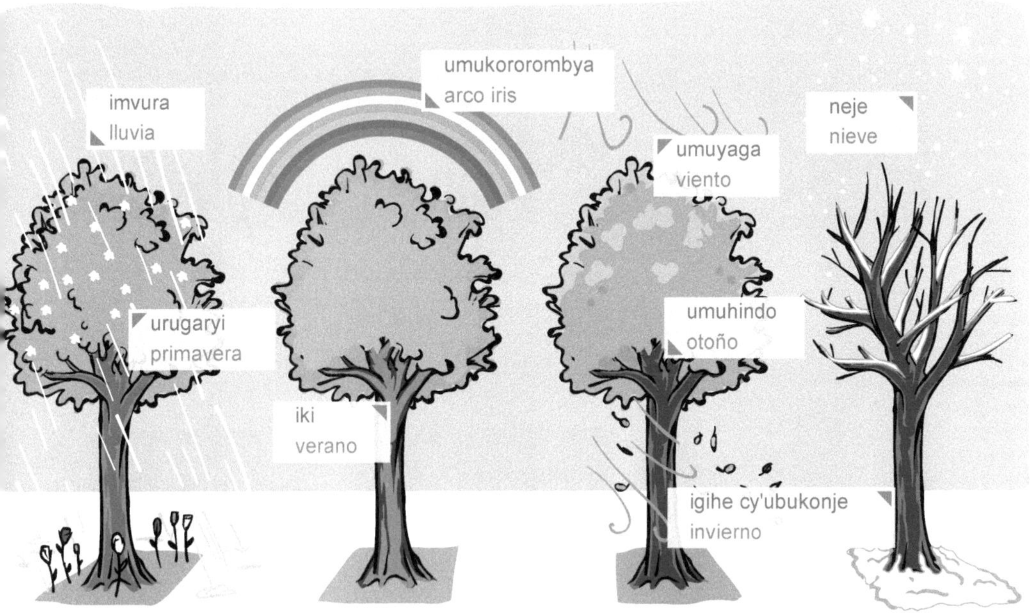

imvura
lluvia

umukororombya
arco iris

neje
nieve

umuyaga
viento

urugaryi
primavera

iki
verano

umuhindo
otoño

igihe cy'ubukonje
invierno

4.APRIL	11°	☀
5.APRIL	4°	☁
6.APRIL	13°	☂
7.APRIL	8°	❄
8.APRIL	10°	☀

iteganyagihe

pronóstico meteorológico

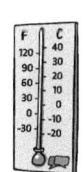

igipimo cy'ubushyuhe

termómetro

izuba rirashe

luz del sol

ibicu

nube

ibihu

niebla

ububobere

humedad

umurabyo

rayo

inkuba

trueno

umuhengeri

tormenta

urubura

granizo

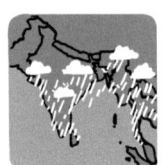

imiyaga ihuha iturutse mu nyanja

monzón

umwuzure

inundación

barafu

hielo

Mutarama

enero

Gshyantare

febrero

Werurwe

marzo

Mata

abril

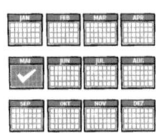

Gicurasi

mayo

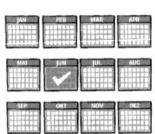

Kamena

junio

Nyakanga

julio

Kanama

agosto

umwaka - año

Nzeri

septiembre

Ukwakira

octubre

Ugushyingo

noviembre

Ukuboza

diciembre

uruziga

círculo

mpandenye

cuadrado

urukiramende

rectángulo

mpandeshatu

triángulo

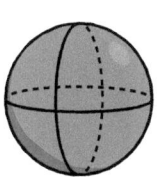

umubumbe

esfera

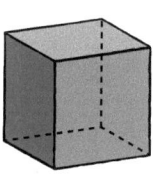

kibe

cubo

umweru

blanco

umuhondo

amarillo

oranje

naranja

iroza

rosa

umutuku

rojo

isine

violeta

ubururu

azul

icyatsi kibisi

verde

igihogo

marròn

ikigina

gris

umukara

negro

byinshi / bike

mucho / poco

urakaye / utuje

enojado / tranquilo

mwiza / mubi

lindo / feo

intangiriro / impera

principio / fin

kinini / gito

grande / chico

gikeye / kijimye

claro / oscuro

musaza / mushiki

hermano / hermana

gisukuye / cyanduye

limpio / sucio

kirangiye / kitarangiye

completo / incompleto

umunsi / ijoro

día / noche

wapfuye / muzima

muerto / vivo

hagari / hafunganye

ancho / angosto

kiribwa / kitaribwa

comestible / no comestible

umugome / ugwa neza

malo / amable

ushishikaye / warambiwe

entusiasmado / aburrido

ubyibushye / unanutse

gordo / flaco

mbere / nyuma

primero / último

inshuti / umwanzi

amigo / enemigo

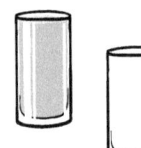

cyuzuye / kirimo ubusa

lleno / vacío

gikomeye / cyoroshye

duro / blando

kiremeye / kitaremereye

pesado / liviano

inzara / inyota

hambre / sed

urwaye / ufite amagara
meza

enfermo / sano

kemewe n'amategeko /
kibujijwe n'amategeko

ilegal / legal

umunyabwenge / igicucu

inteligente / estúpido

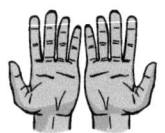

iburyo / ibumoso

izquierda / derecha

hafi / kure

cerca / lejos

gishya / cyakoze

nuevo / usado

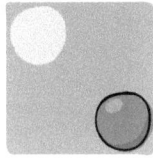

nta kintu gihari / hari ikintu gihari

nada / algo

ushaje / muto

viejo / joven

atsa / zimya

encendido / apagado

gifunguye / gifunze

abierto / cerrado

ucecetse / usakuza

silencioso / ruidoso

ukize / ukennye

rico / pobre

ni byo / si byo

correcto / incorrecto

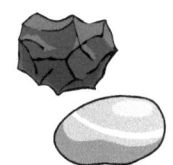

hahanda / hahehereye

áspero / suave

urakaye / wishimye

triste / contento

mugufi / muremure

corto / largo

urandaga / wihuta

lento / rápido

utose / wumye

mojado / seco

ashyushye / ahoze

caliente / frío

intambara / amahoro

guerra / paz

0

zeru

cero

1

rimwe

uno

2

kabiri

dos

3

gatatu

tres

4

kane

cuatro

5

gatanu

cinco

6

gatandatu

seis

7

karindwi

siete

8

umunani

ocho

9

icyenda

nueve

10

icumi

diez

11

cumi na rimwe

once

12

cumi na kabiri

doce

13

cumi na gatatu

trece

14

cumi na kane

catorce

15

cumi na gatanu

quince

16

cumi na gatandatu

dieciséis

17

cumi na karindwi

diecisiete

18

cumi n'umunani

dieciocho

19

cumi n'icyenda

diecinueve

20

makumyabiri

veinte

100

ijana

cien

1.000

igihumbi

mil

1.000.000

miliyoni

millón

Icyongereza

inglés

Icyongereza
cy'Abanyamerika

inglés americano

Igishinwa k'ikimandarini

chino mandarín

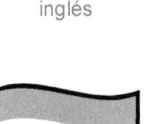

Igihindi

hindi

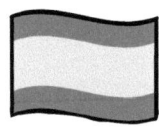

Ikesipanyoro

español

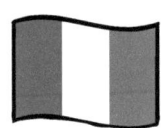

Igifaransa

francés

Icyarabu

árabe

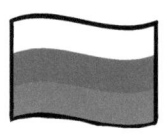

Ikirusiya

ruso

Igiporutigari

portugués

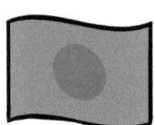

Ikibengari

bengalí

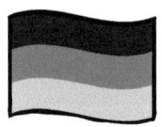

Ikidage

alemán

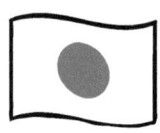

Ikiyapani

japonés

ge

yo

wowe

vos

we / we / we

él / ella

twe

nosotros

mwe

ustedes

bo

ellos

nde?

¿quién?

iki?

¿qué?

gute?

¿cómo?

hehe?

¿dónde?

ryari?

¿cuándo?

izina

nombre

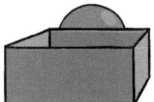

inyuma

detrás

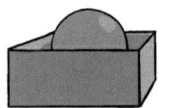

mo imbere

en

imbere ya

adelante de

hejuru ya

por encima de

kuri

sobre

munsi ya

debajo de

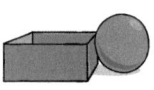

iruhande

al lado de

hagati

entre

ahantu

lugar